この頃の私には

たくさんの夢がありました。

その夢の中から、

1つを選びました。

やがて、

大好きな彼と結婚。

今日、神様から、

宝物が届きました。

私の生きがいは

夫と息子たちを応援することです

手がかかるほど
かわいい息子たち。

でも最近、
息子たちも夫も私の助けが必要ないみたい。
なんだか寂しい……。

ふと気がつくと

ひとりぼっちの時間が多いのです。

あれ？
もう私って老人になるだけ？

なんだろう。

このモヤモヤする気持ち？

45歳、もう私の人生は
終わりですか？

45歳はもうオワリですか？

渡辺千晶

扶桑社

はじめに——わたしと似ているあなたへ

この本を手に取ってくださったあなたへ
ふとこんな不安を感じたこと、ありませんか？

「私って、妻として、母として、女として、人として、まだ誰かに必要とされるのかな？　まだ輝けるのかな？

それともこのあとは少しずつ衰えて〝老人〟になっていくしかないのかな？」

それはいまから6年前のことでした。45歳の私もそんな不安を感じていました。そして、当時の私の答えは「私って、もう老人への入り口にいるのかもしれない」でした。

＊　＊　＊

45歳の私は、結婚して専業主婦になったあと、忙しかった子育ての季節もすぎ、ときどきぽっかり空いた午後の時間をどう過ごそうか、ぼんやり考えることが増えていました。やけにそんな時間を長く感じるのです。ひとり、ぼんやりとダイニングでお茶を飲んでいる私がいました。

パートや派遣社員として働きはじめるには45歳という年齢はまったくいい条件とは言えません。45歳の私がこれから何かの資格を取ったとしても、実社会で確かな経験を積んだキャリアのある人たちと比べて、役に立つとは思えませんでした。

45歳の私が自分の人生を若者みたいに夢を持ってチャレンジできる？　それとも夢なんてさっさと諦めて、老後の準備をする？　そんなことをぼんやり思っては、夢と現実の間を彷徨《さまよ》っていました。

ニュースでよく耳にしていた「人生１００年時代」という言葉。でもそんな言葉を自分のこととして考えることなんてありませんでした。でも、人生が１００年なら、私の人生はまだ55年もあるんです。えっ、どうしよう？　意外と長い……。

しばらくそのことばかり考える毎日でした。

そしてある日、私はこう決意したのです。

「45歳はまだ人生の折り返し地点にもたどり着いていない。私はまだ何かできるはず。とにかく歩き出そう！」

もちろんそのときはどんな未来が待っているのかなんてわかるはずありませんでした。でも、とにかくそう決めたのです。一歩踏み出してみようと。


この本はそんな「なにが起きるかわからないけど、もう一度自分の人生を自分の足で歩き出そう」と決めた私が体験したこと、感じたことを全部書いた本です。

歩き出した私が最初に感じたことは、自分が動き出せば必ず次々と面白いことが起きるということでした。どんな面白いこと？　ぜひ本書を読んでみてください。もしかしたらあなたの人生にも役立つ何かを見つけていただけるかもしれません。

45歳はもうオワリですか？　目次

3話 ついに「好きなこと」を仕事に！

6話

たいせつなたいせつな仲間！

※本書中の年齢は２０２１年12月１日時点です。

1話

起業前——笑顔を忘れた毎日

数年前のわたし――パート生活の夢と現実

それでは「とにかく歩き出そう」としてからどうなったのか？　ここで決意する前の私のことを赤裸々にお話しします。

これはほんの数年前の私、40代前半のリアルな日常です。

＊＊＊

「ただいまー」

ドサッ。スーパーで買った荷物がやけに重い。

パートから帰ってくると、もう外は真っ暗。時計を見ると午後7時半を過ぎています。

（今日も遅くなっちゃったな）

これから晩ご飯の支度をするのが日課。専業主婦が長かったせいか、帰宅時間が遅くなっても手作りの料理を作りたい。だからどんなに遅くても、そこから作り始めます。休憩することなくすぐにお米を研ぎ始めて、出来上がるのは毎晩夜の9時頃です。

私は16年という長い専業主婦生活にピリオドを打って、2011年9月（41歳）から幼児教室のパート講師として働き始めました。それまでは、子供たちの幼稚園や小中学校でかなり長い間、PTAの役員や子供会などの地域ボランティアをしていました。子供たちが学校に行っている時間に自分の都合で活動が出来て、それでいて学校や地域と連携しながら、PTAとして学校運営にも関われたり、何より学校で子供たちの様子をうかがい知ることも出来るので、そんな生活スタイルが私は気に入っていました。今思い返すとPTAの役員の活動をあまり負担に感じることなく、むしろ楽しんでいました。

しかし、PTAで多くのお母さんと関わっていく中で、あることに気が付きます。

子供たちが小学校高学年に差しかかると「パート」に出るのがルート化されているかのように、みんな働き始めていったのです。

つい先日まで一緒に活動していたママ友たちに何かの集まりや楽しそうなイベントに声を掛けても「この日は仕事だから」と明るく断られることも多くなり、

(子供が大きくなってくると、今度はパートに出るんだ)

そんなふうに勝手な解釈をして、ならば私も長いものに巻かれようと、その流れにのりました。そして、16年間の専業主婦生活から「今日は仕事だから!」とキラキラ言えるような「パート人生」(ちょっと大げさ?)の扉を開くことにしました。

ところが、久しぶりに社会に出ようとすると、なかなか世間は厳しい……。まず「年齢の壁」にぶつかります。また、労働時間の制約。そして、家の中にいただけでは気が付かなかった「パソコンが使えない問題」にも直面します。バブル期のOL時代はワープロが主流でしたし、子育てしている分にはパソコンはほとんど使いません。子育てしている間に世の中はすっかり激変してしまっていたのです。もう大変です。

それでもなんとか自分に出来る仕事を見つけ、必死で採用試験をクリアし、幼児教室講師としての「パート人生」をスタートさせたのでした。

久しぶりの仕事はとても楽しくて、毎日が新鮮そのもの。生徒さんとなる若いママたちや赤ちゃんたちが可愛くて楽しくて。実姉にまでこの会社を紹介するほどテンション高めで仕事をしていました（実際、姉も同じこの会社にパートとして就職しました）。

ただ、楽しく働いていたのは最初の半年くらい。募集記事に書いてあった、「週2〜3日で2〜3時間」から勤務時間は徐々に増えていきました。そして半年を過ぎたころから生徒さんの数も増え、いつの間にか朝10時から夜7時までレッスンがぎっしり入っているような勤務状態になってしまっていたのです。体が疲れてくると心も次第に元気がなくなってきました。1年が過ぎたころには、会社から出される業務命令も重くのしかかってくるように感じていました。

あれ？　この仕事、最初はもっと気楽だったはずでは？　なんかおかしい、苦しいと感じつつ、「簡単に仕事は辞めてはいけない」と自分に言い聞かせながら頑張って勤めていました。

されど40代の身体は正直です。ＰＴＡをしていた30代の頃とは違い　いつも疲労を抱え、いつも身体がだるく、いつも忙しく……そしていつも不機嫌な自分になっていました。

そして想定外だったのは、専業主婦の頃にしていた家事の量はそのままでパートの仕事だけが加算された生活になっていたことでした。

期待していたパート主婦のキラキラした世界とは程遠く、現実はかなり厳しい毎日になっていました。

パートを始めたころは、子供たちの習い事代の足しになるかな？　子供たちに好きなことを好きなだけさせてあげられる！　なんて考えていたのに。いつしか仕事のストレスが大きくなると、本来大事にしたいはず、幸せにしたいはずの家族にそのしわ寄せが押し寄せていきました。

気持ちに余裕がない毎日

それでもパート生活が3年ほど経つ頃には、仕事には慣れましたが、体力の消耗と気力の低下に歯止めがかからなくなっていきました。

また、会社組織というものが少しずつ窮屈にも感じ始めていました。

たくさんの「仕事なんだから○○しなければならない」。

会社のいろんなルールに心も身体も悲鳴を上げ始めました。気が付くと家にいる私はニコリともせずいちばん大切なはずの家族に当たるようになっていました。


子供たちとの会話も楽しいものではなくなり、確認や質問ばかりです。

「宿題はやったの？」

「テストはいつなの？　大丈夫なの？」

ニコリともしないで、やったのかやってないのかだけを確認するような会話になっていきました。

そんな日常が続いたある日、小学校高学年になっていた次男の陸矢《りくや》がこんなことをつぶやきました。

「前は家が楽しかったけど、今は家が楽しくない」

いまにして思えば、家族からの明確なSOSです。でも、当時の私は「自分の仕事のせいで家族に迷惑をかけている」ことにまったく気づけていなかったので、このSOSさえ聞き逃していたのです。

気持ちに余裕がないと思考回路まで次元が低くなっていくものです。

そのうちゲーム機やテレビを指さしながら「お母さんだって我慢して仕事してるんだから、あなたたちもやりたいこと我慢しなさいよ」と叫んでいきました。

ストレスは子供だけではありません。夫にもおよびます。

夫婦の会話はそれまでも「子供の話が中心」でしたが、ストレス過多になると「子供の愚痴中心」となっていきました。

「今日、大雅《たいが》（長男）が習い事でこんなことがあったらしく、しかもそれでこんな展開で。本当に残念だわ。もう本当に最悪〜。いい加減にしてほしい……」

と、毎日繰り広げる私。それに対して夫は、

「それは千晶が悪い。俺だったらそうはしない。そういう時はどうのこうので、これとあれでナントカカントカだからウンタラカンタラであるために、ホニャララだから

それによって云々かんぬん……」

私はほんの少しだけ愚痴を聞いてもらいたかっただけなのに、夫からは愚痴についての見解と問題解決方法が提示され、その解説が始まります。その話が長い！　私にしてみれば言いたいことの1割も言えてないうちに解決方法を展開されてもほとんど耳に入ってきません。

求めていたのは「千晶、大変だね！」のひと言なのです。そもそも解決方法を聞きたいわけではなく、少し話したかっただけ、愚痴を聞いてもらいたかっただけなのです。そのうち、聞いてもらえないのならもういいと、話しかける頻度も少なくなり、それに伴い夫婦の会話が徐々に減っていきました。

夫も会社勤めで仕事を終えて疲れて帰ってきています。そこに私のネガティブな不

平不満大会が展開されることなど望んではいなかったはずです。

しかし、この頃の私は、そんな夫を思いやる気持ちや気遣いが出来るはずもなく、子育てとパートのことで精いっぱいでした。

気が付くと、家にいるときの私からは「笑顔」が消えていました。楽しくない毎日の繰り返し。出口のないトンネルの中にずっといるようでした。

当時の私には、自分で自分の人生を変えられる、などという発想はありませんでした。それどころか、「私の人生、この先ずっとこんな感じなのかな。これで終わっちゃうのかな……」と、どうすることもできず、そんなふうに思っていました。

2話

主婦が起業するってどういうこと？

突然やってきたモヤモヤ事件！
主婦がイベントってどういうこと？

ところが、そんな日常に大きな転機が訪れました。

ある日の夕方、ママ友から一本の電話がかかってきました。

「千晶さん？　今度の集まり、私休むね。ちょっとイベントがあるの」

「はーい、了解です。ちなみにイベントって何？　広川さん（仮名）がするの？」

「そう。私が主催するイベントなの。だからお休みするわね。じゃあまたね！」

電話の内容は今度の集まりは休みます、というごく普通の連絡でした。でも、確か広川さんは普通にパートをしていたはず？　〝広川さんがイベントを主催する〟ってどういうこと？　一度気になり出すと気になって仕方がなくなりました……。

晩ご飯の支度をしながらモヤモヤ。

ご飯を食べながらもモヤモヤザワザワ。

その日の夜は「私が主催するイベント」という言葉に胸がずっとモヤモヤザワザワしました。主婦なのにイベントを主催するってどういうことなんだろう?

このモヤザワの正体はいったいなんだろう?　毎日毎日、クタクタになるまで仕事をしている自分とイベントを主催している彼女。比べるものではないけれど、なぜか比べている自分がいました。「イベントを主催している」と言っていた彼女の声の高揚感、ワクワク感が脳裏に焼き付いて離れません。

先日まで同じようにパートをしていた彼女が、今はイベントを主催している……。その情景を想像するだけで、私の心の中にも同じようなワクワクが広がっていったのでした。彼女が何をしているのか気になって仕方がありません。それと同時にその言葉からくる「ワクワク感」を感じとっていたのかもしれません。もしかしたら私も彼女のようにワクワクする世界に行けるかもしれない。そう思うと心が勝手に踊り始めたのです。

そして1週間後、広川さんに会った私は、勇気を出して彼女にこんな質問を投げかけました。

「広川さん、先日電話で『イベントを主催している』って言っていたけれど、あれはどういう意味なの？」

すると、彼女は、

「カフェで話そう！」と言って、近所のカフェで時間を作ってくれました。そこで「イベントの主催の謎」をやっと知ることが出来たのです。

実は彼女、半年ほど前から起業しているのだとか。

「起業？」聞きなれない言葉でした。意味がよく分かりません。

さらに詳しく聞いてみると、パート勤めを辞め、「自分の好きなことで起業している」と。ますます意味が分かりません。

さらに話を詳しく聞いてみると……。

彼女の仕事は「イベンター」と言って、お茶会などのイベントを開いていて、お客さんを素敵なカフェに招待し、そこにいろんな分野の専門家の先生を招き、話をしてもらうという仕事でした。もちろん、そのお茶会は有料で、このお茶会を月に何度も開催しているのだと教えてくれました。

そんな世界があるなんて！

なんだか今までの自分が知らなかった新しい世界を垣間見ているようで、ワクワクドキドキが止まらなくなっていました。彼女の話を聞いているだけで心ときめきます。

できることなら、もしできることなら、私も好きなことで仕事をしてみたい！

何をどうしたらそうなるのか、今はさっぱり分かりません。ただ単純にワクワクしている自分がいました。

そしてさらに質問を続けました。

「どんな感じで働いているの？」

「出勤日はどんな感じなの？」

「聞きにくいんだけど、その仕事ってどのくらいの収入になるの？」

すると、広川さんはニコニコしてどんな質問にも答えてくれました。

「会社勤めじゃないので、出勤日ってないのよ。イベントの開催は月に4〜6回くらいだから、人前で話をしなくちゃいけないというか、稼働日は月4〜6日。そのほかは自宅で仕事をしたり、打ち合わせに出かけたりかな。収入はフルタイムのパートでもらっていたのと変わらないくらいだと思う」

会社勤めでもなく、パートでもない仕事がこの世にあったなんて！


そして私は、こんな質問も彼女にぶつけてみました。

「そうは言っても仕事なんだから、嫌な思いとかするでしょう？」

「嫌な思い？　仕事上で？　うーん（2秒）。ない！　むしろ楽しい！」

ニコニコして答えてくれました。

えーーー！　そんなことがありえるの？　私は学生時代のアルバイトからOL時代まで「仕事とは面倒なもの」「仕事とは楽しくないもの」「仕事は早く終わってほしい

もの」としか思ったことがありませんでした。そういう思い出しかありません。

特に事務をしていたOL時代は「仕事は辛い。辛いからお給料をもらえる」と考えていましたし、当時働いていたパートも「仕事はクタクタで大変。クタクタになるから給料をもらえる」という方程式は揺るぎないものでした。

というか、私はそれ以外の経験をしたことがありませんでした。給料の発生する仕事は辛くて大変、だからお給料が支払われる。結婚前、実家で「今日も楽しかったー」と言って仕事から帰ってきた父の姿を見たこともありません。

それどころか父は「仕事で疲れてるんだから」という大義名分を抱えてすぐにゴロンと横になっていました（笑）。それが当たり前の日常でした。しかし今、広川さんから聞いた世界は、そうではない世界です。もはや私の理解を超えていました。

広川さんを目の前にしてもなお、心のうちでは、

（おかしい。仕事に「辛い」以外の価値観があるのだろうか。辛いどころか「楽しい」？本当に？　いや、目の前に実際にそう言っている人がいる……）

と懐疑心でいっぱいでした。

そんな世界が本当にあるのだろうか？　本当にあるのであれば、私もそこに行きたい。私もそんな人生を送ってみたい！

もし、変えられるのであれば、今すぐこの人生を変えたい。毎日毎日こなしているだけのこの世界を変えたい！

45歳の迷い

あの日、広川さんに話を聞いたあのカフェで「人生を変えたい」という想いを全身で感じた後、大きく人生が変わったかというと、特に私の日常に大きな変化はありませんでした。

ただ、明らかに変わったのは、広川さんと話をしてからというもの、心の中に火が灯されたように自分の人生にワクワクが芽生え始めたのです。

何だか分からないけど、何かが始まる予感というのでしょうか？　しかし、その予感を100％信じているわけではありません。なんといっても当時の私は45歳です。

私にもまだ何か出来そうな気もするし、もう出来なそうな気もする。

隠居を考えるにはまだ若い。でも夢を追いかけるにはもう遅い……。

思案を巡らせてやる気になってみたり、冷静に見つめて諦めてみたり。

毎日、ワクワクと諦めの波の間を行ったり来たりしていました。私はまだいけるのか、もう諦めるべきか。答えがどこかに落ちてないかなと思う毎日を繰り返していました。


45歳になって、いきなり「好きなこと」と言われてもなかなか答えは出てきません。なぜなら、「夢とは子供が持つもの」という固定観念がありました。そもそも子供の夢を追いかけるのに夢中で、自分のことや自分の未来について考えるという発想もありませんでした。

まずは子供、子供のため、子供の活躍が自分の喜びになっていました。ですから、急に自分のやりたいことはなんだろう？　と考えても何も浮かばないのです。当時の私には自慢できる趣味さえありませんでした。

好きなこと。好きなこと……。「そういえば私って何が好きなんだっけ？　昔、やりたかったことあったんじゃなかったかな？」

自分のことを考えてみると、置き去りにしてきた夢がたくさんあったことを思い出しました。それをメモに書きだしてみました。

18歳の私の夢は、ＣＭディレクター
23歳の私の夢は、インテリアコーディネーター
27歳の私の夢は、ライフスタイリスト
30歳の私の夢は、フランス雑貨の店を持つこと

こんなにたくさん夢がありました。
家族の反対にあったり、夫の転勤で叶わなかったり、途中でやる気がなくなってしまったり、途中で忘れていたり。何ひとつ実現できないままこの歳になっていました。

こんなにたくさん夢を持っていたのに、私は何一つ叶えてこなかったんだ……。

それでも書きだしたメモをじっと見つめて当時のことを思い出すと、あの頃のワクワクが蘇ってきました。

そして、これからだって私は何か出来るかもしれない、そう思える自分を感じていました。だって、いまの私には反対する家族もいません。何といっても今の仕事を退職したら、たくさんの時間ができます。子供たちも大きくなり、さほど私の出番はありません。

私、もう一度夢を追いかけてもいいのかな？　45歳からの人生に、これまで感じたことがないくらいのワクワクした気持ちになっていました。ようやく気持ちが自分の未来に向き始めたのでした。

もうあの頃のように、夢を諦めたり置き去りにする理由はないのです。

気持ちが前に向き始めた私は、これまでのパート人生に別れを告げるべく「退職届」を提出しました。それが「人生を変える」はじめの一歩でした。

退職届とゼロからの出発

自分への期待と不安を同時に抱えてモヤモヤしていた頃、本屋さんで一冊の本に出合いました。それは本田健さんの『人生の目的』（だいわ文庫）という本です。

そこには、こんなことが書かれていました。

「私はこれまで『大好きなことを仕事にしよう』という本を何冊も書いてきましたが、それはそのほうが幸せな人生を生きやすいからです。好きなことをやると、毎日が幸せ感と充実感で満たされていきます。そしてイキイキしたあなたは、魅力的になり、人やチャンス、お金を引き寄せやすくなります」

さらに読み進めてみると、

「自分の才能を使うことで社会に貢献しているという感覚が、本人を幸せにすることは間違いありません」

その本には広川さんに聞いたのと同じことが書いてありました。好きなことを仕事にしていい、自分の才能で社会に貢献する。なんという偶然なのでしょう。それでもまだ、本当にそんなこと出来るのだろうかという不安が顔を出します。いや、広川さんも確か「人を集めることが得意」と言っていたし、そして「社会に貢献」しているし、「嫌な思いもしない、むしろ楽しい」と。本田健さんと広川さん、まったく同じです。広川さんだけが言っているのではない！　これはすごいことだ……。私が知らないだけで、本当に世の中にこんな世界があるのかもしれない。

私にも出来るのだろうか？　ワクワク！

やってみてもいいのかな？　ドキドキ！

すでに心がスキップしはじめていました。具体的に何も決まっているわけではありませんが、ほのかに人生にワクワクする自分がそこにいたのでした。

退職届を出した幼児教室の引き継ぎも終わり、晴れてフリー！　というか、久しぶりの専業主婦に戻りました。

でも、以前のような時間を持て余す感じはもうありません。そしてただ繰り返される日常を送るのではなく、長いトンネルを抜け、新しい未来に向かって進み始めたような、そんな気分です。
退職した日、未来の自分への期待を込めて記念撮影（自撮り）をしたのを覚えています。そこには、これまでのような疲れや不満がすっかり消え、未来に期待している自分が写っていました。

さぁ、これからです。自分は何が得意で何が好きで何が心地良くし、何をしていると最高に楽しくて、世の中に貢献できることは何か？　自分が何をしたいのか。まずはこれを見つけることから始めることにしました。

でも正直なところ、そのときの私は何が得意で、何が好きなのか、さっぱり分かりませんでした。自分が得意なことって、自分では当たり前すぎて気づけないのです。
45歳、ゼロから出発です。

こうして毎日自分に問いかける日々が始まりました。

朝起きたら、今日の私は何がしたい？　どこへ行きたい？　何が食べたくて、何を感じたい？

毎日毎日、自分に問いかけました。パート時代、ずっと言いたいことを我慢し、感情に蓋をしていた時間が長かった分、自分の五感を取り戻す時間でもありました。

感情の蓋をゆっくり開いていく作業です。こうして「本来の自分」と「自分の可能性」を見つけるためにたっぷりの時間をかけて自分と向き合いました。

ある日は美術館へ行って感動し、ある日はカフェでひたすら読書しながら号泣。ある日は映画を観に。またある日は自宅で手放したい過去と向き合いひたすら断捨離をしました。

私は何がしたいのか、感性を研ぎ澄ませる日々でした。

きっと見つかる。そう信じながら……。

3話

ついに「好きなこと」を仕事に！

半年探してやっと見つけた「好きなこと」

自分探しを続けていたある日、ふと見たテレビでついに運命を変える出合いをします。本当にたまたま見ていたテレビですが（笑）。

それは、土曜日の朝に放送されていたNHKの『助けて！　きわめびと』という番組でした。そこにゲストとして出演していたのが、「パーソナルスタイリスト」の第一人者、政近準子さんでした。

番組では「自分に似合う服が分からない」と悩んでいる女性が登場し、政近さんが彼女にカウンセリングをしながら、偏った洋服への執着の原因を取り除き、さらにデパートで彼女に似合う洋服を次々提案する〝同行ショッピング〟を行う様子が紹介されていました。

この番組を見て、2つの衝撃が走りました。

一つ目は、自分に似合う服が分からない女性がいるということ　これは後々、私の完全な偏見と分かったのですが、私は世の女性たちは全員、洋服の買い物が好きだと思い込んでいました。だから、自分の好きな服が分からない女性がいるということに驚いたのです。

そして二つ目がこんな仕事がこの世の中にあるという事実に、です。芸能人でもない、ごく普通の方に似合う服を探してあげる仕事がこの世にあるということに驚きました。こんな楽しそうな仕事がこの世にあっただなんて！　仕事じゃなくてタダでもいいから、似合う服を探して提案してあげたい！　と心躍りました。

昔から洋服のコーディネートを考えるのが大好きで、家にいるときはファッション雑誌を読み漁り、デパートのウィンドウショッピングなら何時間でも出来るくらいの洋服好きでした。まったく飽きません。いえ、飽きないどころかずっとしていたい。この仕事なら私にも出来るかもしれない……。そう考えるだけワクワクしてきました。仕事なのに仕事ではないくらい楽しそうではありませんか！

この日を境に「パーソナルスタイリスト」の仕事が頭から離れなくなりました（そう、私は単純な人間なのです）。ただ一つ気になっていたのは、ファッションだけでなく、ヘアスタイルとメイクの提案も出来たら、責任を持ってトータルでコーディネートが出来るのに。ぼんやりそう考えていました。その3つが揃えば最高な仕事だと。

そんなある日の昼下がりのことです。リビングでスマホを見ていると、どこかの企業から届いたＬＩＮＥの広告の中に「イメージコンサルタントが選ぶ、ヘアスタイル、メイク、洋服のスタイリング特集」という文字が目に飛び込んできたのです。聞きなれない「イメージコンサルタント」という職業。なんだろう？　と思って開くと、

「建設会社勤務の30代女性のヘアスタイル、メイク、スタイリングはこちら。出版社にお勤めの20代女性のヘアスタイル、メイク、スタイリングはこちら。メーカー勤務の40代女性、金融機関にお勤めの30代に……」

5パターンほどの職種と年代別にヘアスタイル、メイク、スタイリングのイメージが提案された女性が5人並んでいました。

その広告を見た瞬間、全身に電気が走りました！

まさに私が求めていた仕事だ！　私はこの仕事がしたかったんだ。いやこの仕事がしたい！　あったらいいのにと思っている仕事とついに出合った瞬間でした。

ついに、私のやりたいことに出合えたのです。

パート先に退職届を出してすでに5か月が経っていました。

「イメージコンサルタント」という聞きなれない職業だけれど、響きがいい！

すぐにパソコンに向かってイメージコンサルタントを検索するとたくさんのスクールが出てきました。イメージコンサルタントの方が書かれた本も多く発売されていて、気になるものを何冊か注文しました。


翌日届いた本の中に神津佳予子さんの著書『いつも品がよく見える人の外見術』（青春文庫）という本がありました。さっそく読んでみると、著者が色彩検定の勉強を始めたのは47歳で、起業したのは50歳と書かれていたのです。

このときの私は45歳でした。当時、この年齢から何か始めるのはもう遅いかもしれないという想いと、このまま人生が何もしないで終わってしまうのは嫌だという想いがぶつかり合っている真っ最中でした。ところが神津先生もずっと専業主婦をしていて、50歳から起業したと書かれていました。

この一行にどれほど私が勇気をもらえたか。読者のみなさんならきっと想像できますよね？

この本がきっかけになって、私は神津先生が主催するスクールに通うことに決め、イメージコンサルタントの資格取得のための勉強を始めました。

そして、イメージコンサルタントとして「２０１６年4月1日に起業する」と心に決めたのです。

渡辺千晶45歳、本当に自分のやりたいことを仕事にするべく「起業」という船にようやく乗り込んで進み始めました。1年前は「起業って何？」と言っていた私が、です。人生って不思議です。本当に自分で変えられるものなんですね。

全力で「自分の人生」に期待する

「イメージコンサルタント」のスクールに通い始めた私は、毎日が一変。自分の人生の目的を見つけ、夢に向かって進んでいると思うと、それだけで毎日心が湧きたちました。

代々木上原にあるスクールでは、イメージコンサルタントの歴史、カラー診断の方法、コンサルの組み立て方と手法、メイクレッスン、ヘアスタイルの提案、お買い物同行の方法、ワードロープの整え方と考え方、ファッション界の成り立ちと歴史、男性クライアントのためのスーツの選び方からカウンセリング方法まで、イメージコンサルタントとして必要な知識を学びました。

感覚ではなく、理論的に組み立てられた知識を次々と習得し、これから始まる新しい世界を全身で感じ、自分の未来に向かって、夢と希望でワクワクしていました。楽しくて仕方のない私は、講座中かなり前のめりな生徒だったと思います。それくらい、これからの「自分の人生」に期待していたのです。

生活が子育て中心だった頃、私は子供たちにもっと自分から勉強したり、自分から本を読むようになったり、もっと何かに夢中にならないだろうかと思ってばかりいました。現実は全くそうならず、どうしたらいいのだろう、とよく悩んでいました(つまり自分の理想を押し付けてばかりいたわけですが）。

でも今、自分の未来を創るのは自分が動けばいいわけで、あの頃のように子供を動かすことより１００倍簡単です。知識を習得したければ、もっともっと自分が勉強すればいいだけです。メイクの技術を磨くのも、自分の顔を毎日1時間かけて練習台にすれば済みましたし、お買い物同行で拠点にしようと思っていた銀座も、たくさん通ってショップを調べ上げるのは自分でやればいいこと。

人を動かすのではなく自分が動いて未来が変わるならいくらでもできる！　そう思って、夢中で学びを積み重ねていきました。


ところがです！　やる気満々で起業すると決めた4月1日が近づくにつれ、ある重大なことに気がついたのです。

「あれ？　そういえば私、お客様がいない！」


学ぶことは一人でできるけれど、起業するなら「クライアント」つまり、お客様がいないと当然成立しません。

ビジネス初心者の私がようやくそれに気がついたのはデビュー直前の1か月前です。それくらい、当時はビジネス感覚を持ち合わせていなかったのです。

しかも、当時の私のお客様になってもらえそうな人といえば、頭の中に浮かんだ数少ないママ友たちだけでした。しかし彼女たちに頼ったところで、すぐにお客様が尽きてしまうのは目に見えていました。しかもママ友たちには「カラー診断の練習をさせてね」と声を掛けていたので、お代をいただくわけにもいきません。ビジネスとしては全く成立しません。

夢と希望に満ち溢れていたのとは裏腹に、厳しい現実に向き合って途方に暮れていました。しかも軍資金として準備していた貯金も心細くなってきて……。このままではいけない、なんとかせねば！

そんなときです。本屋さんで偶然、主婦が1日30分働くだけで月に10万円の収入が得られると書かれた一冊の本に出合います。

1日にたった30分パソコンに向かって仕事をすれば10万円も稼げるならこの手を使

うしかない！　と大喜びでこの本を読みました。

しかし、当時の私はパソコンに全く詳しくありません。初めて目にする専門用語が多すぎて、すぐに頭の中は？マークでいっぱいに。でもここで諦めるわけにはいきません。著者の名前を検索すると、セミナーを開催しているとのこと。すぐにセミナーに申し込みました。

セミナーに参加してみると、どうやら「アフィリエイト」というものを教えてくれる塾のようです。なんだか私にも出来そう……。そう思うと入塾手続きをしていました。

はじめのお客様は、突然に！

元はアフィリエイトを学ぶために入った塾でしたが、起業したい人に向けてネットのスキルを教えてくれる授業もありました。その頃の私は、フェイスブックで友達申請が届くだけで戦々恐々としてしまうような超アナログ人間だったので、この授業のおかげでそんな恐怖も克服できるようになりました。

当時はアメブロも少しだけやってはいたものの、仕組みがよく分かっていない状態でしたのでここでの学びは新鮮でした。

授業は月に一度、都内で開催されていました。初めて授業を受けるとき、イメージコンサルタントとしてデビューはしていないものの、スクールに通っているのですから「すでに活躍しているイメージコンサルタント」の雰囲気で参加してみました。デビュー前とはいえ、ダサいイメージコンサルタントに見えてはいけないと思い、すでに活躍している風を装って、気合を入れて参加していました（笑）。

授業が行われる会場に到着すると、たまたまフジテレビの撮影クルーが取材に来ていました。塾長が翌週フジテレビに出演するらしく、密着取材をしていたのです。まさに別世界です。自分がテレビに出なくても、知っている人、しかも入ったばかりの塾の塾長が出演するなんて興奮が収まりません。次から次へと刺激がやってきます。

しかも、授業終了後の懇親会ですごいことが起きたのです。それは……。

塾長が私の隣に座って第一声。

「千晶ちゃんってイメージコンサルタントなんだよね？　私、来週フンテレビのワイドショーに出るから、その時のメイクとか洋服とか選んでもらえる？　私のイメージコンサルお願……」

「もちろんです！　やらせてください！」

塾長が最後まで言い終わらないうちに、かぶり気味で返事をしたのは言うまでもありません（笑）。

ありがたすぎます！　初仕事の舞台がなんとあのフジテレビ！　こんなことが自分の人生に起きるの？　45歳になって人生変えたいって思って、思って、思って心から思っていたけれど、本当に人生って変わるんだ！

懇親会からの帰り道。電車の中で顔がにやけていたと思います。マンションの廊下は足が勝手にスキップ（笑）。嬉しすぎてその夜は眠れないほどでした。

そして、1週間後の収録の日。

お台場の、あの有名なビルの前で待ち合わせて塾長と8時に入局。その後テレビ局のスタッフから番組のレクチャーを受けます。緊張感漂う中、さっそく塾長のメイクを開始。あんなに威勢よく「やらせてください！」と豪語した割には、イメージコンサルタントのスクール生と自分の顔以外、メイクしたことがないのが現実（実はまだ卒業もしていません）。アイメイクでは緊張で手が震えてしまいました。それでもなんとか無事に、メイクとヘアセットを行い、続いて当日の衣装とアクセサリーを見立てます。他の出演者の衣装の色合いを見て、塾長が一番目立つ色合いをセレクト。準備が完璧に整ったところで、今度はリハーサルのためスタジオへ移動します。

スタジオに入ると、テレビで見たことのあるワイドショーのセットにたくさんのカメラと照明、たくさんのスタッフ。そしてよくテレビで見るお笑い芸人さん。

私は塾長の表情や身体の向き、洋服が乱れていないかをセットの反対側で見守る役。段取りの説明後、いったん控え室に戻り、その後ほどなく本番のために再びスタジオへ。今度はたくさんの芸能人がひな壇に並びました。お笑い芸人さんから、タレントさんまでたくさん並んだところで本番が始まりました。

本番中、モニターを見ながら塾長にジェスチャーを送ります。塾長は芸能人の中で怯むことなく堂々と会話していて本当に素敵でした。その姿をとても誇らしく感じました。本番終了後、これまで感じたことのないような達成感というか、充実感というか、身体中が喜びに満ち溢れたあの高揚感を今でも覚えています。

人生を変えたい、世界を変えたいと強く願えば本当に世界が変わる。見える景色も出会う人も変わる。私の人生にこんな出来事が起こるんだ！　まさに想像を超える未来が訪れた瞬間でした。

このチャンスを与えてくださった塾長には今も感謝しています。彼女の一言がなければ、そんな晴れ舞台に立つことはできなかったのですから。

真剣に叱ってもらえると人は涙が出ます！

この華々しい初仕事は2016年3月のことでした。

しかし、繰り返しますが当時はまだイメージコンサルタントのスクールに通っている最中で、卒業さえしていませんでした。

そして並行して学んでいたアフィリエイトの授業はまったく頭に入ってきません。もともと私はパソコンやネットが苦手なのです。ついにアフィリエイトの習得は諦めました。「主婦が1日30分働くだけで月に10万円の収入」は夢と終わりました。まさに二兎を追うものは……でした。

こうしてふたたび収入源のあては「イメージコンサルタント」になりました。もう腹をくくるしかありません。そして、相変わらずお客様として顔が浮かぶのは数人の数少ないママ友のみの状態でした。

先が見えない不安を抱えたまま、塾の2回目の授業に出席。そのときの講師は『ずるいえいご』『なんでも英語で言えちゃう本』などのベストセラーの著者、青木ゆかさんでした。とっても面白く可愛らしい女性でした。

前回の授業の後、「フジテレビでの初仕事」のチャンスが目の前にやってきましたが、実はこのときも奇跡のような出来事が私の目の前で起きたのです。

青木ゆかさんのとても素敵で楽しい授業を受けた後、いつもの流れで懇親会に参加しました。ゆかさんがたまたま私の目の前の座席に座ったのです。そのとき、塾生の一人が私をこう紹介してくれたのです。

「ゆかさん、この千晶さんね、塾長がフジテレビに出たとき、イメージコンサルとして一緒に行ったんですよー」

「はい、そうなんです、もう私なんかに頼んでもらえてうれ……」

「ちょっと！　千晶さん、今『私なんかに』って言ったよね？　自分のこと『私なんか』って言っちゃいけない。そんな言い方したら、千晶さんに頼んだ塾長がかわいそうでしょ！（怒）」

と、私が「うれしかった」と言い終わらないうちに、ものすごい剣幕で叱られたのです。

私としてはデビュー前だし、経験もない私に頼んでくださった塾長に感謝の気持ちを伝えたくて、そして日本人らしく謙虚な気持ちで、「私なんかに」という言葉を無意識に選んでいました。でも「私なんかに」という言葉には自分を否定した意味合いも含まれます。そのことをゆかさんは叱ってくださったのだと瞬時に理解できました。

それを理解したと同時に、そんな風にきちんと言葉で「自分を大事にする」ことを教えてくれたことに今度は感動し、思わず涙が溢れ出てきたのです。

今まで生きていてこんなに熱く面と向かって「自分を自分で傷つけない！　自分を大事にしなさい！」と言ってくださった方は初めてだったからです。

ゆかさんはこの後、「私も千晶さんのイメージコンサル、全部受けるから！」とみんなの前で宣言してくださり、私のイメージコンサルタントとしての二人目のお客様になったのです。

前回の懇親会に続いての思いがけない展開に、帰りの電車の中で、ふたたび嬉しさでニヤニヤが止まらず、マンションの廊下でもやっぱりスキップしていました。

それは起業家デビュー1週間前の夜の出来事でした。

やる気ありすぎ！
いきなり3回分も会場を予約してしまった

こんなすごい展開に自分でも信じられない気持ちでいっぱいでしんが、やはり心配と不安の種は尽きません。

イメージコンサルタントのスクールで神津先生から教えていただいたのは、「外見、イメージ力アップのセミナーを出来るようにしておくこと」でした。そこをきっかけにお客様になる方が生まれるとのこと。頭では理解出来ていたのですが、実はある問題が発生していました。当時の私はセミナー資料をつくるためのパワーポイントの使い方がまったく分からなかったのです。

子育てにもPTAの時にも部活の世話役の時にも、パワーポイントを使う機会はありませんでした。これは一大事です。ここで躓《つまず》いてしまうと、先にコマを進めることが出来ません。そして、勝手に「パワーポイントの使い方は絶対に難しい」と思い込んでいました。

そんなとき、またもや思いもしないところから救世主が現れました。たまたま受けた算命学という占いのやりとりの中での出来事です。

「千晶さんは○○星と○○星を持っています。そして『火』の力を持っている方。ご自分が放っている光で近くにいる周りの方たちが輝き始めます。イメージコンサルタントにぴったりです」

「えー、嬉しい！　ありがとうございます。でもなかなか一歩踏み出せないことがあって……。実は私、パワーポイントが使えないのでセミナーの資料がつくれなくて困っているんです」

「パワーポイント？　それなら、私が教えてあげようか？」

えっ！　いいんですか？（繰り返しますがこれ、占いの最中です。笑）

思いがけない展開で私は占い師さんからパワーポイントの使い方を教えてもらえることになったのです。

数日後、その占い師さんからパワーポイントのレクチャーを受けてみると、それは驚くほど簡単なのでした。さらにその占い師さんからこんな提案まで受けます。

「千晶さん、セミナーやるならレンタルスペース必要だよね。レンタルスペースって知ってる？　私これから講座があって、いつも使っているレンタルスペースがすぐそこだから、一緒に行って見学してみる？」

「セミナー開催はレンタルスペースを使うんですね！　ぜひ見学させてください」

思い立ったらすぐに行動するのが私の強みです！


近くのレンタルスペースに到着すると、たくさんの部屋を見学させてもらいました。10人ほど入る会議室から30人規模の会議室までありました。見学しているうちに、自分がセミナーをしている姿を想像してみました。そして、パワーポイントも大丈夫、会場もある、つまり私はもうセミナーが出来る！　と頭の中でイメージが湧いてきました。さっそく、

「私、予約します」

「えっ？」

レンタルスペースの予約状況を確認すると、2週間後の日程がいくつか空いていたので3日分、つまりセミナー3回分の予約をしました。占い師さんの元に戻り、

「私、3回分予約してきました」

「えー？　え？　え？　3回も？　千晶さん……早い」

「はい！　せっかく会場を教えてもらったので」

もちろん占い師さんは相当驚いていました。

起業前の私は、「普通」が何かも知らず、みんなはこうしているなどという常識も情報もありません。なにより会社員時代と違って上司に確認を取って反対されることもありません。とにかく自分の思い通りにやれるのが嬉しかったのです。

後々これは大きな勘違いだったと分かるのですが、このときの私はお客様が集まり過ぎたら困るからという超前向きな理由で、3回分のセミナー会場を予約しました。

こうして2016年4月1日、45歳の私は、ついに起業人生をスタートさせたのです。

一年前の、一本の電話から始まった、好きなことを仕事にする私の起業がついに始

まりました。

この先どんな展開になるのか、全く見当もつきません。この時点でご予約いただいているお客様は、青木ゆかさんただ一人です。私に頼みたいという人、本当に現れるのかな？　そして勢いとスーパー勘違いで会場を予約してしまったヤミナーはどんな展開になるのだろう？　そんな不安を抱えたまま、私は小さな一歩を踏み出したのでした。

1つ目の夢、『イメージコンサルタントになる』スタート！

ついに起業した私でしたが、就職とは違うのでその日からお客さんが列をなすなんてことはありませんでした。

言ってみれば前の日とまったく同じ一日でした（笑）。

ただ、自分はもう専業主婦ではなく起業家だという「意識と振る舞い」がしたいと思いました。

まずやったのが、それまでなんとなく朝の習慣になっていた、NHKの朝の『連続テレビ小説』を見て、それに続いてワイドショーを見ながら家事をするというのを止めることでした。

当時の私にはそんなことさえ起業家としての意識と振る舞いだと思えたのです。

今日から私は専業主婦ではなく起業家だと意識できる目に見える変化がほしかったのです。

さぁ、今日からが本番です。

まずやることは、すでに会場を3回分も予約した「外見力アップセミナー」の集客です。

セミナーの参加費は1500円に設定。これが高いのか安いのか、まったく見当が付いていませんでした。緊張しながらセミナーの募集を開始しました。いっぱいになったらどうしようという心配とは裏腹に、反応はいまひとつ。さほど埋まりませんでした（笑）。

PTAの仕事で開催したイベントで、人が集まらずに苦労した経験がまったくなかったので、このとき初めて「簡単に人は集まらない」ことを知ったのです。

それでも初回は10人の募集に対して6人の方が参加してくださり、起業家としての初セミナーを無事開催することができました。

6人の方々の前に立ち、自分の足で自分の人生を思いっきり生きている！　そう実感した瞬間でした。自分の思う通り、思い描いた人生の幕開けです。

しかし、2回目のセミナーは赤ちゃん連れが参加出来る設定にしましたが、人が集まらずやむなく会場をキャンセルするという苦い経験をしました。2回目は申し込んでくださった1組の親子のお宅に私が出向くことにしました。

1回目の参加者が6名、2回目はたった1人。3回目はいったいどうなるんだろう？　正直悲観的な気持ちになっていました。

ところが3回目のセミナーで、奇跡が起きました！　なんと定員10名のところ10名。

つまり満席になったのです！　まさに逆転ホームランです。

実はこの逆転ホームラン、私の力ではありませんでした。

満員になったのはすべて「私の周りにいる方たち」のおかげだったのです。

今まで私のいた世界では、何か新しいことを始めようとすると「それはやめたほうがいい」「やってもどうせ失敗する」「失敗したらどうするんだ？」と言われるのが普通でした。ましてや応援なんてしてもらえることも想像し難い状況でした。しかし、この頃に出会った「仲間たち」は、私が夢を語るとみな口を揃えて「千晶さんなら出来るよ！」「絶対夢は叶うよ！」と励ましてくれました。

そんな仲間たちは口で励ますだけでなく、私のセミナーを各自がＳＮＳで拡散してくれたうえ、「絶対参加したほうがいいよ」と推薦コメントまでつけてくれていたのです。

そうです。３回目のセミナーが満員になったのはこの仲間たちのおかげだったのです。

これまで生きてきた中で、自分の決めたことややっていることに対してこんなにもあたたかく応援された経験がなかったので、とても驚きました。そして、とてもありがたかった！　今でもあの3回目のセミナーの満員の会場を思い出すと感動と感謝の気持ちでいっぱいになります。

以前、広川さんが話してくれた「起業で嫌な思いはしない」の意味をやっと理解できたような気がしました。こんな世界、本当にあったんだ。私の「新しい世界」に対する興味は深まる一方でした。

対価を受け取るって意外と難しい

イメージコンサルタントをスタートさせたばかりの私にとって、本格的にビジネスをしていこうという気持ちは持っていたものの、ここで今すぐにたっぷりと稼ごうとは思っていませんでした。なぜなら、仕事ではありますがあくまで「好きなこと」です。

どこか趣味のようでもあるし、仕事のようでもある。そんな感覚でした。とにかく、お客様が目の前にいらっしゃるだけで幸せだったのです。この仕事が出来ていることが、自分にはもはやご褒美レベルの喜びでした。ですから、「お金を稼ぐ」ことは二の次でした。とはいえ、イメージコンサルタントの師匠である神津先生からは、「プロなら無料ではやってはいけない」と教えられていたので、最初の頃は少額であってもお金をいただき、全力でお仕事していました。

そんな気持ちで仕事をしていたので、最初のお客様へのカラー診断の価格は2500円からスタートし、少しずつ少しずつ金額を上げていくことになるのですが、次第に金額を上げるプレッシャーに押しつぶされそうになりました。

やっているだけでこちらは楽しくて仕方ないのですから、金額を上げなくてもいいかと思ってしまう私と、きちんとビジネスをするなら金額を上げる必要があるという私が葛藤していました。これ、会社員しか経験したことのない方たちにとっては共通した悩みかもしれません。

でも、金額を上げる勇気を持たないと、いずれ精神的に疲れてしまうだろう、辞めたくなってしまうだろうという予感もあったので、勇気を出して、少しずつ自分の心に丁寧に問いかけながら時間をかけて値上げしていきました。

自分の心に丁寧に問いかけるというのは「心の底から、もう金額を上げないと限界だ」という感情になっているかどうかです。そうでないと、今度は「金額を上げた」というプレッシャーに負けて、お客様に提供すること、伝えること自体が苦しくなってしまうからです。この葛藤は主婦起業家がみんな通る道かもしれません。私も違わずそんな道を歩んでいきました。専業主婦だとほぼ「支払う側」なので、目の前の相手からお金をいただくことはまずありません。

この金額との戦い、プレッシャーとの戦いは、私にとって常に心を悩ます高い壁でした。それでもお遊びで仕事をするためにイメージコンサルタントになったのではない、と自分に言い聞かせながら、この終わりない戦いに挑んでいました。


その戦いは起業してすぐに始まりました。

2週間で3回セミナーを開催した翌月、今度は「モニター募集」をしてみようと考えていました。ちなみにこのセミナー参加特典のカラー診断の金額は3000円です。今度は金額を上げてみるというチャレンジを試みますが、なかなか勇気が出ません。

悩んでいても解決しないのでカラー診断を受けに来てくださった方に、思い切って相談してみたのです。

「高木さん（仮名）、私、来月カラー診断を値上げしようと思っているんですけど……。今3000円にしているのを3500円ってどうでしょうかね？　これって高いと思いますか？」

「うーん。あまり変わらなくない？」

「えっ、そう？」

「いっそ5000円でいいんじゃないかな？」

「えー！　ご、ご、せん、えん、ですか……」

「大丈夫だよ。千晶さんのカラー診断、価値あるから」

なんと嬉しいアドバイス！

びくびくしながらも、このお客様のアドバイスを素直に受け取り、翌月のモニター募集は「カラー診断5000円」にすることにしました。内心ドキドキです。

「千晶さん、こんな高い金額にするなんてどうかしてるわ！」なんて、思われはしないだろうか……。一方で師匠の神津先生からは「一刻も早くカラー診断の料金は最低1万円にしなさい」と、教えを受けています。

やってみたいけれど自信がない、気持ちが行ったり来たりしました。しかし、悩んでいても始まらないので、思い切って告知したのです。

夜に告知して、緊張しながらもぐっすり寝て朝を迎えました。起きてすぐに告知の結果を見てみると、10人の募集に対して、15人ほどの申し込みがあるではありませんか！　あんなに悩んでいたのはなんだったの？　という結果でした。

こうしてセミナー参加者の方、モニターの申し込み、そしてSNSを見た方からの申し込み、たくさんの紹介が入り、気が付くとあっという間にお客様がいっぱいとなっていました。ママ友しかカラー診断をやってくれる方がいない……と思い込んでいたものとは正反対の現実がやってきたのです。思いがけない現実がやってきたことで、私の世界は一気に様変わりしていきました。

起業からのプレゼント①　〜家庭が明るくなりました！

私が新しい世界への扉を開けたことで、家族にもある大きな変化が起こってきました。変化とは、「家族の笑顔」です。

パート時代、すっかり笑顔を忘れてしまい、ネットで「笑顔の作り方」を検索していた私でしたが、起業してからの私がいつもご機嫌で元気で自然に笑う時間が増えたことで、それがいつの間にか家族にも影響を及ぼすようになっていたのです。

以前のように子供にストレスをぶつけることもなく、子供のチャレンジを抑え込むこともなく、自分自身が「好きなことをすることが、人生にとってどれほど大切なことなのか」を実感できたことで、私の発する言葉も行動もすべてこれまでとは真逆になっていたのです。

以前の私は、

「勉強しなければいけない」

「朝早く起きて夜早く寝るものだ」

「子供は親の言うことを聞くのが当たり前」

「子供が小さいうちからスマホやゲームはよくない」

など、私の「こうあるべき」を優先していたため、子供たちから自由を奪い、小さな枠に押し込めようとしていました。さらに、子供の夢をまるで自分の夢であるかのように勘違いして、いつの間にか子供に自分の理想を押し付けてもいました。

でも、そうすることで、「子供たちの可能性」も狭めていたことにようやく気が付きました。同時に「子供たちの主体性」を私が奪っていたことにも。


我が家ではときどき長男の大雅がリビングでクラシックギターを奏でてくれます。私が曲名をリクエストすると、器用にその曲を演奏するのです。

こう書くと、なんだかすごく優雅な家庭のように思われるかもしれません。でも、実はこんなドラマがありました。

大雅が小学1年のときです。当時、彼にバイオリンを習わせていました。一般庶民の家計では決して楽な習い事ではありません。ある有名なバイオリン演奏家のコンサートに行ったのがきっかけで「オレ、バイオリニストになる！」と口にしたのが始まりでした。小さな大雅が毎日のように「オレ、バイオリニストになる！」と口にする様子が可愛かったのをよく覚えています。

当時の私は「息子の夢＝自分の夢」という発想しかなく、「夢を叶えるなら私がなんとかしなければ！」と考えていました。

もっと基礎を練習させなければ！

もっときちんと練習させなければ！

当時はそんな発想は大間違いだとも気づきませんでした。

ある日、大雅は辛そうに「もう音大には行かない。バイオリニストにもならない！」と告げ、あくまでバイオリンは楽しく演奏するものと決めたのでした。

過度な親の期待が彼の夢への情熱さえ失わせてしまったのです。

ところが、私が起業してしばらくしたある日、大雅からクラシックギターを演奏してみたいと話しかけられました。きっと今の母親にならなら自分の好きな音楽の話をしても安心と思えたのだと思います。そんな彼がリビングでギターを奏でてくれる時間は起業した私へのご褒美のように感じています。

夢を叶えるときに大切なのは、自分の口で「こうなりたい」と言えることです。私の場合は「イメージコンサルタントになりたい」でした。

でも、今まで私がやっていた子育ては「こうしなさい」「あーしなさい」「こうしないときちんとした大人になれない」と、私が主導しすぎて、子供の「やりたい」を奪っていたのです。これでは、望む未来を自分の手でつかみに行く力が育つはずありません。自分自身が夢を追いかけたことでやっと大事なことに気づけたのです。

起業してからの私は子供たちに対して「反社会的なこと以外はすべてＯＫ！」と、以前とは真逆の方針に転換しました。

勉強は自分の意志でやるかやらないか決めればいい。

高校進学も大学受験も自分の決めた道に責任を持って進めばいい。

それ以外のことも、すべての決断を子供たちに委ねました。私は子供たちを信じて笑顔で受け入れ、見守るだけにしました。本当に正反対の方針です。

もちろん良くないことをしたときにはきちんと言葉で伝えます。

この結果、子供たちは「自分で自分の人生をなんとかする」能力が格段に身に付きました。安心してなんでも隠さずになんでも話してくれるようになりました。そして子供たちと夢や未来も語り合えるようにまでなってきました。これは、思ってもみなかった、大きな変化、大きなプレゼントでした。

以前の私は、子供たちを変えようとばかりしていましたが、自分が変わったら子供たちも自然に変わるなんて！　笑顔が増えただけではありません。家庭に宝物のような時間と空間がやってきたのです！

子供だけではありません。夫とも喧嘩や言い合いがほとんどなくなりました。私がネガティブな話題や愚痴、不平不満を巻き散らかしていたときは、私との会話のほとんどが彼の説教のようなながーい話になっていることが多く、ただ話を聞いてもらいたいだけの私と、常に解決策を提示してくる夫との会話は非常に盛り上がりに欠けていました。

しかし、私が明るく元気になることで、ネガティブな話題も愚痴も不平不満も一切言わなくなり、前向きな楽しい話題が増え、自然に冗談を言い合うことも増えてきたのです。彼は元々面白い人です。そんなところが好きで結婚したのに、その良さを私が消してしまっていたことにようやく気がついたのです。

家族のために自分が我慢すれば、みんな幸せになるというのは私の勝手な思い込みでした。実は家族の誰もそんなことは望んでいなかったのです。つまり私の独り相撲だったのです。

好きなことを仕事にしたことで得られた最大の喜びは、実は家族の笑顔かもしれません。


こうして徐々に私の仕事は家族からも応援されるようになりました。少し帰宅が遅くなっても、土日に仕事が入っても、出張で地方に泊りがけの仕事も、笑顔で送り出してくれるようになったのです。ちなみに泊りがけの出張の間は男子三人が家事を分担してくれる万全の体制が整っています。数年前までは私が家を空けることも考えられなかったなんて嘘のようです。いつも協力してくれる夫や子供たちには本当に感謝でいっぱいです。

起業からのプレゼント②　～お帰りなさいキャンペーン作戦

とはいえ、起業当初からすべてが上手くいっていたわけではありません。実際に起業してみると、自分がどれだけ「ビジネス」に音痴だったのかを思い知ることになります。

家庭やPTAなどのボランティアやパートの世界では、自分ひとりでビジネスをする機会なんてゼロでしたから、当然と言えば当然です。だから仕方ないよね、と思えばそこで進化は止まってしまいます。やるからには、ビジネスをしている人たちはどんな思考をしているのか、頭の中はどうなっているのか、性格はどんな感じで、どんな言葉を使い、どんな行動をして、どんな習慣を身に付けているのだろうと、私の好奇心はそこに向かっていきました。

そのために、読んだこともないようなビジネス書を片っ端から読んでいきました。

そうすると、今まで知らなかった知識や考え方がたくさん書いてあるのです。

たとえば、上手くいっている人は「自分を許す」「自分の長所にだけ目を向ける」「したくないことははっきりと断る」「いやなことを言う人は相手にしない」など。参考にしたのは『うまくいっている人の考え方』（ディスカヴァー携書）という本です。

これまでの私だったら、失敗したときは自分を思いっきり責めて落ち込んでいましたし、自分の長所より短所に目を向けて、ここも出来てないあそこも出来てない、だからダメなんだと思っていたし、したくないこともはっきり断るなんてことはできなかったし、嫌なことを言う人は、それを言っている人のほうが正しいんだろうと思ってしまう「思考のクセ」を持っていたのです。ですから、そんなことが書かれている本を読むと斬新な考え方にひたすら驚いていました。

ある本にはこんなことが書いてありました。

「自分はツイてる！　と、口にすると人生本当に運が良くなる」と。

運とははじめから「いい人」と「悪い人」がいて、それはコントロールできない領域だと思っていたのでびっくりして、すぐにそれを夫にも話しました。

「ねえねえ、人生ってね、自分は運がいい！　ツイてる！　と口にしていると本当に運が良くなるんだって！　面白いね」

するど、

「そんなことくらいで人生うまくいくなら、世の中にいるひと全員がうまくいくはずだ」

とひと言で返されてしまい、どうも噛み合いません。

もともと夫は真面目なサラリーマンです。新卒で入社した会社から一度も転職をすることもなく、コツコツと真面目に仕事をしてきた夫は本当に尊敬すべき存在です。しかし起業家として、「ビジネスを知りたい・勉強したい」と思って学んだ知識を全否定されるのも、なんだか納得がいきません。

だんだんと「分かってもらえないならいいや」と価値観を共有するのを諦めるようになっていきました。ですから、起業してからの1年間は、夫と噛み合わないモヤモヤイライラをずっと抱えていました。そんな中、転機が訪れました。

一緒に仕事をしていたフォトグラファーの弘美ちゃんに私と夫との状況を話してみるとこんなことをアドバイスしてくれました。

「千晶さん、自分から受け入れることが大事だよ」

そう言われても「受け入れる」ということが、どういう意味なのかが分かりません。夫の考えも分からなくはないけれど、私は本に書いてあるような前向きな考え方が好きだし、そうしていきたい。その考え方を受け入れないような考え方を受け入れるとはどういうことなのだろう？　どうしたら良いのかさっぱり分かりません。だけど夫との関係は改善したいという気持ちはあったので、ある行動を起こしてみたのです。その行動というのが「お帰りなさいキャンペーン」です。

実は結婚して20年間、夫が帰ってくるときに玄関まで迎えに行ったことがありませんでした。

「お帰りなさいキャンペーン」で、玄関まで夫を出迎えることにしたのです。そして、出迎えるだけでなく「お帰りなさい」と目を見て声を掛けることにしてみました。

これを1週間続けた後、2週目からは「お帰りなさい、お疲れ様」までバージョンをアップ。

そして3週目からは「お帰りなさい、お疲れ様、いつもありがとう」までバージョンアップさせてみました。

すると、少しずつですが、不思議と自分の中のモヤモヤイライラが改善してきたではありませんか！

不思議と私自身も本から学んだ知識や考え方を押し付けることをしなくなっていき、夫の考え方を否定することもしなくなっていきました。これが全てではないし、いろんな人生を経てその人なりの考え方を持っているのだから、お互いが自由に自分の信念を持っていればいいのだと……。

「お帰りなさいキャンペーン」を展開したことで、弘美ちゃんの言っていた「受け入れる」が出来るようになっていました。頭で考えて分からないときは何か行動を起こしてみると、違う扉が開くように出来ているのかもしれません。

ちなみに、この「お帰りなさいキャンペーン」は、今でもずっと続いています。そして今現在では私の考え方も受け入れてくれるようになり、面白い本や楽しく前向きになれるような本を共有しあうまでになりました。それどころか、仕事のことをアドバイスまでしてくれて、どんどん応援してくれるようになりました。正義を押し付け合わないって大切ですね。

結婚して25年になりますが、常に優しく包み込むように支えてくれる夫には本当に感謝しています。この人と結婚して本当に良かった！（照）

不思議！　行動すればするだけ応援される！

ふたたび起業の話に戻しますね。

起業してからの私は、とにかくビジネスのことが全く分からない素人だという自覚があり、急いでいろいろなことを学び、一秒でも早く吸収したいと思っていました。

専業主婦とパートの世界しか知らなかったので、一人で起業するうえで身に付けておかないといけないものはなんだろう？　と考えていたのです。

今まで読んだことのないような分野の難しい本を頭を抱えながら読んでみたり、こんなことをしたら理想の未来が実現する、という情報を取り入れると、すぐにやってみたりしていました。

その感覚は、人に対しても同じでした。先輩起業家の方が「こうするといいよ」というアドバイスはなんの疑問もなく、果敢にチャレンジしてみます。出来るか出来ないかは、結果だけが知っています。なので、やり始めたけれど全く向いておらず3日で断念することもありました（笑）。それでも人がやってみて良かったことは自分もやってみよう、という単細胞な思考に助けられたのかもしれません。

ただ、こうして無鉄砲になんでも取り入れるので、もちろん撃沈することが多く、すぐに窮地に追い込まれたり、落ち込んだりもするのですが、そんな時は必ずと言っていいほど「お助け」が入るのです。

特に激しく撃沈してしまったときは大きな救いの手が差し伸べられるのです。これは起業当初から今までずっと続いています。

起業前、お客様がいないことに気が付き、途方に暮れていたら、塾長に初仕事としてフジテレビに連れて行っていただいたのも「お助け」でした。

起業してすぐに、その塾の仲間たちがイメージコンサルティングにたくさん申し込んでくれました。

他にも、ホームページを作りたいけれど、誰に頼めばいいのか分からず困り果てていると、「私が作りましょう」とお助けが入ったり、ビジネスのステージを上げたくても上げられずに悩んでいると「このやり方なら出来るでしょう」と初めてお会いした方から的確なアドバイスをいただいたり、自分自身のビジネスの方向性や展開の仕方に迷っていたときにも「それなら一緒にビジネスやりましょう」とお声がけいただいたりと、本当にありがたいことにたくさんの方の「お助け」に支えられてきたことを実感します。

少し変わった話をしますが、応援されているのは、「人だけ」ではない気がしています。それは起業して1年が過ぎたころのことです。

その日は夜中の2時半まで起きていて、「もし本を出版するとしたら、どのような内容、どのような企画にするか?」という課題に取り組んでいました。

ですが、起業2年目の私にはとても難しく、思うように文章を書き進めずにいたのです。

(この課題、私には難しすぎる……)

心が折れそうになっていました。

そのときです。仕事をしていた場所がダイニングだったこともあり、軽く洗い物などをして重くなった気分を変えようとしていた時のことです。パソコンの画面が急にチカチカ！　キラキラ！　突然光りだしたのです！

まさに光を放っている感じです。洗い物の手を止めて、恐る恐るパソコンに近づきエンターキーを押すと、それまで作成していたパワーポイントの画面に戻りました。壊れたのかな？　と思いながらも、ホッとしてキッチンに戻り、洗い物の続きをし始めたのですが、1〜2分するかしないかのうちにまたチカチカキラキラ光りだしたのです。何ごとが起きったのかと思い、また恐る恐るパソコンに近づきました。そして、再びエンターキーを押したところ、今度はパソコン画面に「文章がうまく書けるよ」というメッセージが10センチ×8センチくらいの大きさで表示されているではありませんか！

これは一体どういうことだろう？　と思い、またエンターキーを押すと、また元通りのパワーポイントの画面に戻りました。

チカチカキラキラの原因はパワーポイントの画面とデスクトップの画面が超高速で

切り替わって起きていました。あのメッセージがどうして表示されたのかはいまでもわかりません。

もしかしたら企画書の作成に挫《くじ》けそうになっていた私に神様が応援のメッセージを送ってくださったのかしら？　と思えてきたのです。だとしたら、なんて素敵な奇跡が私の身に起こったのだろうと嬉しくなり、それから課題がサクサク進み、その夜に無事に完成したのは言うまでもありません。

このときから、応援というのは人からだけではないのかもしれない。目に見えない存在からも応援されているかもしれない。そう思うようになりました。

今まであまり気にも留めていなかったことも少し意識するだけで、ただの偶然も「自分だけの奇跡」になるのかもしれません。

このように起業後、私は実に「いろいろな方」や「力」に助けられながら順調にイメージコンサルタントの仕事をすることができました。ＳＮＳを通じてご予約をいただいたり、お客様から別のお客様をご紹介いただいたり、偶然出会った方からご縁をいただいたり。

起業してからの数年間、一度もお客様が途切れることがなく、売り上げもパート時代の2倍、3倍、4倍と、少しずつ増えるようになりました。

勇気を出して一歩踏み出すことで、こんなにもたくさんの応援があること、応援がやってくることを経験出来たのです。最初の一歩は怖いけれど、こんなことが繰り広げられるとは、驚きの展開です。新しい扉が開くときというのは、こういうことが起こるのですね。感謝しかありません。

4話

夢は叶えば終わりじゃない

夢は叶ったはずなのに？　あふれる涙に向き合った夜

起業後の私はイメージコンサルタントとして、順調すぎる毎日が続いていきました。お客様は本当にたくさんいらしてくださいましたし、毎日毎日、イメージコンサルタントの仕事をしない日はないというくらい仕事をする日が続きました。もちろん自分の大好きな仕事です。あんなにも思い描いていた未来が、現実となっているのです。

あれほど憧れ、想像していた未来……のはずでした。

なのに、夜中に一人、リビングのソファーに座っていると、なぜか涙が溢れてきます。涙の意味が分かりません。

私、好きなことを仕事にしているよね？　何が悲しいの？　どうした私？　なぜ涙が出るの？

自分でも理解できない涙の原因をそっと胸に手を当てて聞いてみることにしました。すると、聞こえてきた心の声は、

「本当にあなたがやりたいことは何？」

でした。


もう少し、当時のことをお話ししますね。

イメージコンサルタントとして、外見をその方の理想に近づければ、お客様の理想の未来は早く実現する。そう思って疑わなかった私でしたが、実は自分の力のなさも同時に少しずつ感じはじめていたのです。それは「外見を変えただけでは思うように理想未来に近づかない」という現実でした。

もう少し詳しくお話しすると、私のお客様のほとんどが、高い技術やスキル、きちんとした資格をもっているにもかかわらず、それを上手く活かしきれていない、表現しきれていない方が多かったのです。

最初は見た目を変えて、「主婦」の雰囲気から「プロフェッショナル」の雰囲気に変えることが何より大切だと思っていました。もちろん、そうすることで多くの方が次のステージに進みます。

やがて、イメージコンサルティングを受けて外見を整えたお客様から次々に「千晶さん、私、初めてのセミナーを開きます！」と連絡が来るようになりました。

私にはどのお客様も思い入れが深いので、セミナーには応援がてら参加していました。

しかし、セミナーや勉強会を開いても、みんなそこで終わってしまうのです。つまりお客様が次のステップに進んでいなかったのです。

次のステップとは、「商品の購入やサービスへの申し込み」です。

原因は人によって異なりますが、大きな原因は「自信」だと感じました。

ビジネスをするうえで「自信」をつけるために、外見を磨いてきました。でも、どうやらそれだけではないようなのです。

それまでの私は、お客様の夢を叶えるお手伝いがしたい。それに役立つことを提供していたと思い込んでいました。

でも私、全然みんなの夢を叶えてあげられてなかった！　これは私の責任だ！

そのことに気づいたのは応援で参加していたあるセミナーの最中のことでした。最後列に座っていた私は涙が溢れてきました。

見た目を変えれば夢は叶えられる！

そう信じていたのに。でも現実はそうではなかったのです。

私、全然できてない。私、みんなの夢を全然叶えられてない！

外見を整える、というイメージコンサルタントという仕事の枠に限界を強く感じた瞬間でした。

2つ目の夢、『夢を叶える話し方の講座』を開催する！

私が起業してすぐ、たくさんのお客様にイメージコンサルティングを申し込みいただいたのは、どうしてだったのだろう？　そんなことをぼんやり考えていました。すると、一つ思い当たる答えが浮かんできたのです。それはパートとして幼児教室でやっていた「講師」の経験です。

講師として働いたことで、自分でも気が付かないうちに、「人前で話をする技術」が身についていたのです。たしかに朝から晩まで、幼児たちの注目を惹きつけながら話していたわけですから、当然かもしれません。

ということは……。専門家ではない私でも、人前で話すコツを伝えられるかもしれないと思うようになりました。

これまでのように外見をよくするだけでなく、その人の話し方もレベルアップさせてあげられるかもしれない！

そう閃《ひらめ》くと、ふたたびワクワクとドキドキが同時にやってきました。私がわかっている「話し方・伝え方」についてもみんなに伝えればいいんだ！


それからはまず、自分がもっている話し方のスキルを補強したくて、プロのアナウンサーが開く講座へ通ったり、会話スキルを上達させるための学びを深めていきました。こうして、自分が「外見の磨き方」だけでなく「話し方・伝え方」も教えられるように準備しました。


こうして2018年6月、「夢を叶える話し方の講座」を開講しました。

私の2つ目の夢です。

初めての講座には8名の受講生が集まってくださいました。参加者はほとんどイメージコンサルティングをしたお客様。そして全員、主婦の起業家たちです。

この方たちにしっかりと話し方のスキルが身に付けば、未来がどんどん拓《ひら》けて、もっと理想の世界が実現するはず！　そう思うとワクワクが収まりません。

参加者の職種は、マリッジアドバイザー（結婚相談）、ジュエリー作家、整理収納アドバイザー、テーブルコーディネーター、自宅でサロンを運営している方、マヤ暦アドバイザー、アロマとハーブの専門家など、多岐にわたっていました。

この講座は、単に話し方のスキルを伝えるだけで終わるのではなく、とにかく「人前で話す経験」をたくさん積んでいただきました。

「自分の夢を語る」

「自分のエピソードを語る」

「自己紹介をする」

どれを話すときも「自分の想い」を乗せて語ってもらいました。

人前で話をすることが「得意に」なる必要はないのです。話すことに緊張したり、苦手意識をもつことなく、「当たり前」になれば仕事はうまくいくのです。その秘訣は「想いを乗せる」こと！

そして、「夢を叶える話し方の講座」の参加者たちは私が作りたかった世界そのものでもありました。参加者どうしみんなが互いに応援しあうようになっていたのです。

誰かが夢を語る　↓　それを聞いた他の参加者が大喝采の拍手を贈る！

これが講座のスタイルになっていきました。

あるときなど講義中の拍手がうるさいと他のセミナールームからクレームが入ってしまうくらいでした（その節は大変申し訳ありませんでした！汗）。

こうして私は、イメージコンサルタントとしての仕事に加え、話し方も少しずつお伝えするようになっていきました。

この2つに共通しているのは「目の前の人が夢を叶える応援」をするということ。

この「夢を叶える話し方の講座」は、その後進化し、「夢を叶える外見と話し方の講座」になりました。受講生さんたちが講座中、どんどん変化していく姿を見て、嬉しくなると同時に、次なる課題も見えてきました。

それは起業する時には誰もがぶつかる壁なのですが「最初のお客様がいない」とい

う現実です。

これは私自身も最初にぶつかった壁でした。勉強すれば誰しも資格までは取れます。でも「いったい私のお客様はどこにいるの？」。あの不安をみんなが同じように経験するのです。この壁、私がなんとかしてあげられないだろうか？　そう考えだしていました。

気づいてしまった「もう一度、仲間と一緒に何かがしたい」想い

そんなある日、心理学のセミナーに参加したときのことです。セミナーにこんなワークがありました。

Q　今まで生きてきた中で、一番楽しかった出来事、充実していた出来事はなんですか？

じっくり考えてみました。私が一番楽しかった出来事ってなんだろう？
あれだ！　私は白い紙に大きくこう書きました。

A　うちの子の幼稚園時代にお手伝いした卒業対策委員会（卒対）です。仲間と一緒に1年かけて作り上げた謝恩会でのステージとその仲間との時間です。

長男が年長さんの頃、仲間とともに泣いたり笑ったりしながら過ごしたあの時間の記憶がありありと浮かんできたのです。当時のそれは仕事ではなく、完全なボランティアでしたが、お互いが得意分野を担当し、いつもみんなでアイデアを出し、みんなで結論を出し、みんなで完成させました。

いつもみんなで笑いあって、助け合って、最後はみんなで感動して泣いて抱き合いました……。

間違いなくあの経験が「生きてきた中で一番楽しかった出来事」でした。キラキラと輝く宝物のように思い出されました。

そして、私の頭の中にこの言葉が浮かんできたのです。

「もう一度、仲間と一緒に何かがしたい」


会社という「組織」で仕事をしていた頃、多くの人と関わるストレスから「一人」での起業を選んだつもりでいました。でも、次の行動を考えるのはいつも自分一人です。何か決断するのも自分一人。仕事がうまくいって喜ぶのも自分一人。そして、思わぬ失敗で落ち込むのも一人ぼっちなのです。

一人で起業するのは、いちいち誰かの承諾を取らなくてもよいという気楽さと引き換えに仲間と喜びを分かち合うことができないのです。

そのことに、セミナーのワークを通して気がついてしまったのです。

それからの私は、一人起業というスタイルはそのままでしたが、「いつか仲間と一緒に何かをしたい、何かを作り上げたい」と漠然と考えるようになりました。

今の私にもっと出来ることはないだろうか？　もっと何かを届けることは出来ないだろうか？　そんなことをいつも考えるようになっていました。

私が45歳で起業しようと決意したとき、何からはじめればいいのかさっぱりわかりませんでした。資格を取ればいいの？　何をどうしたらいいの？

そのときの私と同じように、起業しよう、新しい自分を探そう、そう考えたとき、主婦たちが気軽に聞ける場所、相談できる場所、安心できる場所があったらいいのに。そんな場所を先駆者としてつくりたい。みんなをまとめてしっかり応援したい。

未来に向かって立ち続けるのは実はすごく勇気がいることです。周囲の強い反対にあったらあっという間に折れてしまう細い勇気です。

変わろうとする主婦たちによって頼りになる場所。

実現したい夢を宣言さえすれば丸ごと応援してくれる仲間のいる場所。

か細い勇気を温かく包んでくれる場所。

私、そんな場所、「コミュニティ」がつくりたい！

心からそう思えました。

こうして私はイメージコンサルタントを卒業する決意をして、45歳の日の私と同じような主婦たちが夢を叶えるための「コミュニティ」を作る決意をしました。

こうして2019年6月、女性限定のビジネスコミュニティを作る準備に取り掛かり始めました。

5話

3つ目の夢は「仲間とつくる夢の世界」!

3つ目の夢は、『主婦の起業を応援するコミュニティ』づくり

ふたたび新しい夢への挑戦がはじまりました。

それは主婦たちの起業を応援するコミュニティ。新しい形の「ビジネスコミュニティ」です。

まずはコンセプト作りからです。私は白い紙にこう書きました。

主婦（女性）たちが好きなことを仕事にして、自分の夢を叶え、仲間の夢を応援しあうコミュニティにする。

資格を取得して世の中のために役に立ちたい方。

子育てで一旦社会から離れたけど、これまでのスキルを活かして起業したい方。

趣味だと思っていたものの技術をさらに磨いて起業したい方。

そのような方たちみんなが活躍できる場所（コミュニティ）があればどんなに心強いだろう。

これからは「子供の夢」を追いかけるのではなく、「自分の人生」に夢や希望を見出し、突き進む姿を全力で応援してくれる仲間がいつもそこにいてくれる。

そして、一歩踏み出すのに心細くなってしまったとき、挫けそうになったとき、相談できる場所（コミュニティ）がある。

失敗して落ち込んだりしたときに、励ましてくれる仲間がいる。

それだけではありません。一緒に新たなチャレンジをする仲間も、喜びを自分のことのように喜びあう仲間がいてくれる。目指したのは今までにない新しい形のコミュニティでした。

こうして2019年9月4日、こんな理想を掲げて「Sense of beauty（通称：センス）」をスタートさせました。

「Sense of beauty」を和訳すると「美意識」になります。

これは、「ひとを傷つけたりせず、自分を自己犠牲に追い込むこともなく、自分も周りの人たちの幸せも作れているだろうか？　それは美しい人生だろうか？」

こんなことを自分の美意識として常に持ち続ける女性になる、それを目指すことを意味しています。

こうしてセンスは最初、７名の主婦の集まりとしてスタートしました。

その後、少しずつ考え方に共感してくださる仲間が増えてきました。

仲間から次々に新しいアイデアが生まれる！

しかし残念なことにセンスをスタートさせてわずか半年で世界中をコロナウイルスが襲いました。

リアルで開催していたセミナーはすべてオンラインに切り替えざるを得なくなりま

した。そして一番期待していた仲間どうしがリアルに集まって語り合えることができなくなってしまいました。

理想とあまりに違う現実に戸惑っていると、仲間のひとりがこんな提案をして助けてくれました。

「リアルで集まれないんなら、センスのオンラインサロンをつくりましょうよ!」

そうか!　それだ!　本当に仲間がいるってすごい!　コロナという壁にぶつかったらそれを軽々と越えるアイデアが仲間から生まれるのですから。

そうです、コロナを理由になにもしないなんて私たちらしくありません。むしろオンラインサロンならコロナで心細くなっている日本中の女性たちの支えになるじゃない!　なんて素晴らしいアイデアでしょう!

そして2020年4月、センスが生まれたわずか半年後には女性のためのオンラインサロン「Sense of beauty Salon」がスタートしました。

このオンラインサロンでは、サロン記事の無料配信と講座やオンラインイベントを展開しました。

特に人気でみんなで楽しんでやっているのが、

「センスを磨くアフタヌーンライブ」

です。


毎日を、1日1日を輝く日にしたい。理想の自分になるための時間を確保する習慣を身に付けたい！　でも一人じゃちょっと難しい……。

そんな人のための味方になればと企画したところたくさんの仲間が参加するイベントに。もちろん私も助かってます！（笑）

アフタヌーンライブの30分、オンライン上で10名近い仲間が集まります。

人生が前向きになるような言葉をみんなで口にします。

ライブでは仲間みんなでこう言いながらガッツポーズをします。

「午後も頑張ろう！」

「おー！」

みんなの顔は笑顔であふれています！

ポジティブ気分で日常に戻るのです。

女性がビジネスをはじめるのを応援したくてつくったコミュニティは、コロナをきっかけに、リアル版とオンライン版（会費無料）の2つの「センス」として誕生しました。

まさかＰＴＡ活動が起業に役立つなんて！

ここまで「センス」を立ち上げるまでのお話を紹介してきましたが、ここから少しだけ毛色の違う話をさせてください。

ある時、私はふとこんなことを考えました。

ＯＬ時代に華々しい仕事もできず、ずっと専業主婦だった私がどうしてうまく起業できたんだろう?と。

きっと読者のみなさんも同じ疑問をお感じになると思います。本人さえそうなのですから（笑）。

私なりの答えはこれです。

こんなに起業がうまく行ったのは、ＰＴＡ活動を経験していたから。


専業主婦の頃、私はＰＴＡのいろいろな活動に参加していました。もちろんいつか起業するときに役立てようと考えていたわけではありません。

純粋に子供と一緒に何かしたいと参加していただけの、ごく普通のお母さんとしてでした。子供と参加すると家庭とは違う子供の顔が見られるのが楽しかったし、子供がたくさんいるところってなんだか元気になりませんか?

本当にそんな単純な理由でＰＴＡのイベントに参加するのが好きだったのです。


そんなお気楽な気持ちで参加していたＰＴＡの活動でしたが、起業した今振り返るととても役立っていたことに気づかされます。

1つ目。それは「イベントを開催することが平気になった」ことです。

PTAの手伝いで多くのイベントを準備したり、他の保護者の方に募集をしたり、実際にイベントを開催すると本当にたくさんの方に喜ばれて、感謝までされます。

そんな経験を繰り返すうちに、私の頭の中に「イベントって楽しいもの」「イベントに申し込んでくださる人がいるのは当たり前」という超ポジティブ思考が身についたのです。そのおかげで起業と同時にセミナーを2週間に3回も開催するような、無謀な行動を平然ととってしまったわけですが(笑)。

2つ目は、「ご縁が生まれた」ことです。

専業主婦になると、OL時代と比べて社会との関わりが激減します。そんなときに幼稚園の役員会の仕事やPTAのお手伝いをきっかけにたくさんの方とつながりを持つことができました。

そう!　PTAのお手伝いを通して人生を変えるような出会いもしています。主婦が起業する楽しさを教えてくれた広川さんとの出会いも元はPTAでした。

家の中にいるだけでは人生を変えるきっかけになる方との出会いは生まれないので

す。こうして振り返ると本当にＰＴＡには感謝しかありません。

３つ目は、「先生方や仲間と一緒に目標を立て、一致団結して取り組む経験」です。幼稚園や小学校で行われる行事は、先生方だけでも、保護者だけでも、子供たちだけでも行えません。全員が一つの行事の成功に向けて準備や練習をして当日を迎えます。

多くの方が動く学校行事はまず安全をキープし、どうやって子供たちの笑顔と感動を与えられるかをものすごく考え抜いて準備します。

もちろん行事が滞《とどこお》りなく執り行われるためには、互いの協力が不可欠。

このとき培《つちか》われた「目標を達成するための思考力」は、いつしかイメージコンサルタントの仕事を行う上でも私の財産となっていました。

専業主婦が長かった私は、このような経験があったおかげで起業に対するネガティブな感情がなく、ワクワクした気持ちで突き進めたのだと思います。

起業当初、キャリアのない自分の不甲斐なさを感じ、キャリアを積み上げた方たちと比べて落ち込むこともありましたが、今なら自信を持ってこう言えます。
私、起業で大事なことはPTAで教わってました!

今、幼稚園やPTAなどのボランティアを行っている全国のお母さんたちに心からのエールを送りたいと思います。大丈夫! 今を思いっきり楽しんでください!

まだまだ夢の途中

ここまでお読みくださり、ありがとうございます。
45歳から始まったチャレンジはまだ始まったばかりです。
その夢は次々と「更新」中です。
はじめて起業するときの夢は「イメージコンサルタントになる」でした。
ところが、夢を叶えると、「次の夢」が現れました。正直、戸惑いました。夢の先にあるものが「次の夢」だなんて知りませんでしたから！

でも、夢を叶えたらそれにずっとしがみついていなければならない、そんなルールは私にはありませんでした。次に叶えたい夢が現れたら、それを「夢」から「目標」に変えて、純粋に追いかけていいはずです。

私の2番目の夢は、「夢を叶える話し方の講座を開く」でした。

そして、お読みいただいたとおり、3番目の夢がみんなで起業を楽しく成功させる舞台の「センス」というコミュニティづくりです。

3番目の夢はまだはじまったばかりです。まだ成功とも失敗ともわかりません。

でも、きっと成功する。そんな予感が私にはあります。

なぜならこれまでの2つの夢に比べて、毎日が楽しくて仕方がないから。

センスに集まった仲間が毎日、

「千晶さん、こんなことがあったよ！」

「千晶さん、あの人も仲間にどうかな？」

「千晶さん、こんなことやろうよ！」

と声をかけてくれます。

以前の夢は一人ぼっちの夢でした。いまはみんなの夢なんです!

45歳でドキドキしながら起業したあのとき、こんな素敵な毎日が待っているなんて想像できませんでした。よく「まるで夢のよう!」って言いますよね? まさに私、そんな気持ちで毎日を生きています。


センスというコミュニティを通じて、日本中の主婦(女性)たちが自分の人生をもっと楽しめて、もっと美しくなって、もっと夢を追いかけることが当たり前になるような世界を作りたいと思っています。

以前の夢と比べてなんとも壮大な夢ですよね? でも、こんなすごい夢を追いかけたくなったのは「仲間」がいるから。まだ「私たち」の夢への挑戦は始まったばかりです!

ビジネスコミュニティ「センス」のご紹介

センスオブビューティ

https://www.senseofbeauty.info/

センスオンラインサロン（フェイスブックグループ・入会金・毎月会費なしの完全無料・女性限定）：

センスラインＬＩＮＥ公式アカウント

6話

たいせつな たいせつな仲間!

センスの仲間は私の宝物

ここからは私といっしょにセンスを作り上げてくださっている仲間を紹介させてください。

センスは私・渡辺千晶だけの夢ではもうありません。仲間みんなでつくる夢です。

そして、この本を手にとってくださった方に、

「私もまだまだこれからだ！」

「私もこんな人たちみたいに夢を追いかけたい！」

「これなら私にもできるかも！」

そんなふうに思ってもらいたい。

この本の前半は私の物語でした。でも、人生後半の生き方や夢はこの本を手にとってくださっている「あなたの物語」です。

ぜひたくさんの仲間を感じてください。きっと勇気が出るはずです。
私たちはあえてニックネームで呼び合っています。仲間には上下も左右もありません。心と心の距離の近い心友どうしでいるためのささやかな工夫です。あなたをニックネームで呼ぶ日を心待ちにしています。

最後に内緒話を1つだけ。この仲間たちが私の元気と勇気のもとです！

とっティーさんこと、大木知子さんを紹介します。

仕事 情熱のマヤ暦鑑定師　チャネラー　継続コーチング

年齢 50歳

私、こんな夢を追いかけてます！

たくさんの方の人生にエールを送ることが私の使命。

自分に誇りと覚悟をもって強く前進できる人生を送ってほしい！

とっティーさんはこんな人

とっティーさんは元公立中学校の先生。お子さんの病気がきっかけで先生業を辞めました。それまでは占いスピ系NGだったのに、マヤ暦に出合うことで人生のベクトルが大きく変わったそう。現在、コーチングやチャネリング、マヤ暦を織り交ぜ多種多様な方たちの背中を押しています。

実は彼女のマヤ暦セッションは、私がセンスを立ち上げるうえで、大きな影響を与えてくれました。

最初からインパクトの大きな人！

とっティーさんとの出会いは、ある講座にお互い参加していたのがきっかけでした。会場が駅から少し離れていたこともあり、参加者が車に乗り合わせて会場まで移動することになったのです。その車内で私たちは出会いました。

移動時間はものの10分ほどのことです。初対面なのにとっティーさんの明るくパワフルな声が車内にいっぱい響いていました。

このときから「私、この人と絶対気が合う」と確信したのをよく覚えています。とにかく元気でよく笑う。声も大きい。文字では伝わらないのがもどかしいくらいプラスオーラ全開の女性でした。

講座の数日後、私たちはもちろん再会し、急速に仲よくなったのは言うまでもありません。

絵日記ブログが面白すぎる！

出会った次の日、とっティーさんから届いたメールにはブログの記事が3つほど貼られていました。

メールにはひと言、「お茶うけに読んでください」と書かれてありました。

なんてチャーミングなメッセージでしょう！（笑）

こんなひと言にも魅力が伝わってきます。

早速読んでみると、家族のことをネタにした面白いブログでした。彼女の明るさが記事からあふれていて読むだけで元気が伝染してきます。彼女にますます興味が湧きました。

こんなに面白いブログ、記事ひとつで我慢できません。他の記事も次々読んでいきました。ブログは笑って泣ける子育てを描いた日常がいかにも彼女らしく伸びやかに、時にしっとりと書かれていました。

ブログを読んですぐ分かりました。彼女の文才と発信力はすごい！

そして、何か彼女を応援したいという気持ちが自然と湧き上がってきました。

そのときはどんな応援ができるかはわかっていません。とにかく彼女の役に立ちたい！　そんな想いが溢れてきました。

再会した日、私はとっティーさんにセンスの前身である「夢を叶える話し方の講座」の話をして、仲間にならないかと声をかけました。彼女は「それ面白い！　入る！」と即答してくれました。彼女を応援するつもりだった私のほうが実は励まされたというのは内緒です（笑）。

大人気のマヤ暦鑑定

私はとっティーさんに会うまで「マヤ暦鑑定」というものをまったく知りませんでした。最初にすごさを知ったのは講座の受講生の皆さんの声がきっかけでした。ものは試しと、とっティーさんの鑑定を受けた仲間がこう言うのです。

「とっティーさんの鑑定、すごかった！」と。

一人だけではありません。みんなが次々に感嘆の声をあげるのです。結局受講者のほとんど全員が彼女の鑑定を受けたのではないでしょうか。

彼女はセンスの仲間たちに元気を贈ってくれる人なのです。たとえば、センスの仲間のメッセンジャーのグループに、とってぃーさんは「今日のエネルギー」という記事を投稿してくれました。そこにあふれている、熱くて温かい彼女の人柄がメッセージに溢れ、メンバーにも伝染していくのです。

48歳の誕生日プレゼントになったマヤ暦鑑定！

実はその人気のマヤ暦鑑定、タイミングがあわず私だけが受け損ねていました。それは私の誕生日が近いある日のこと。ようやくスケジュールがあい、人気のマヤ暦鑑定を受けることができました。

とってぃーさんの鑑定は、予想通り、情熱と愛情がいっぱいでした。私がどんな風に生きてきたか？　時代時代にさかのぼり私の人生の話にとことん耳を傾ける。そんなセッションで一通り話を聞き終えたあと、マヤの話に。

その鑑定で言われたすべてのメッセージはいまの私を支えています。

それは私の顕在意識と潜在意識に流れるエネルギーを教えてもらったときのことです。

「千晶さんは革新者のエネルギー、新しい流れをつくる、社会に影響を及ぼす活動をする人です」と。

最初、「えっ？　この自分がそんな存在？　本当に？」と不思議で、すぐに呑み込めませんでした。

当時の私は、主婦からイメージコンサルタントとして起業したものの、革新者でもなく、社会に影響を与えるような存在ではありませんでした。

その日はとりあえず「そういうエネルギーを持って生まれてたんだ」くらいの気持ちで鑑定結果を聞きました。

ところが翌朝、彼女から一通のメッセージが届きました。そこには、

「千晶さんの20代30代は人生が思うようにいかないという経験が必要だったんです。家族の反対や結婚・出産があって、自分の夢がなかなか叶わない。その悔しい想いをする必要があったのです。

だからこそ今、自分の好きなことでようやく仕事をすることが出来ている。そして

それをこれから同じような想いをしている人たちに伝える必要がある。それこそが千晶さんの魂の約束です」と書いてありました。

彼女のこのメッセージを読んで涙が止めどもなく溢れたのを覚えています。

流れ通りに生きている

その鑑定からちょうど1年後の誕生日、私は本当にセンスというビジネスコミュニティを設立していました。

まだ小さな組織ですが、いまの私は「主婦（女性）たちが自由に働ける選択肢を持てる社会を作る！」と、社会に向けてメッセージを発信する立場になっていました。

とっティーさんの鑑定はまさに予知だったようです。

センス設立後、とっティーさんには再び声を掛け、「夢を叶える話し方の講座」に引き続き、センスの仲間として一緒に活動しています。

とっティーさんの鑑定に背中を押されるメンバー急増中

占いは、「まだ見ぬ自分の可能性を示唆してくれるもの」と感じます。

「千晶さんはこのエネルギーを持っている。大丈夫」ととっティーさんに言われたら、自信がなくても本当にそうなれそうな気持ちになります。

そう思わせてくれる魅力がとっティーさんにあるのです。

これはものすごく大切なことだと思います。その言葉を信じて、自分の持っているエネルギーを信じることで、不安が勇気に変わるのですから！

新しく参加したセンスのメンバーも次々に彼女の鑑定を受けています。

最近はチャネリングやリーディングから過去世と繋がるセッションもこの鑑定で伝えてくれています。もはや「鑑定」の域を大きく超えた壮大なスケールのセッションです。また、リピーターも多く、節目節目にメッセージを受け取りにくる方も多岐にわたるそうです。

そんな素敵なとっティーさん、もっともっと世に出て多くの人に知ってもらいたいと思う逸材です。

のりちゃんこと、植山紀子さんを紹介します。

仕事　小料理屋女将　自分らしく生きるイマココビレッジ主宰

年齢　41歳

私、こんな夢を追いかけてます！

「小料理屋の女将になる！」

私の最初の夢はこれでした。私にとって夢は叶えるもの。その後も次々に新しい夢を思いついてはセンスの仲間たちの力を借りて実現中です！

のりちゃんはこんな人

のりちゃんは、2017年から自宅で美容や健康に関わるサロンを経営しています。銀座の小料理屋さんを経て、今は「自分らしく、楽しく生きるコミュニティ」を主宰しています。

千晶さんが作るなら一緒にやりたい

私とのりちゃんの出会いは、あるセミナーの懇親会でした。後日知ったことですが、その日、のりちゃんは私と話してみたくて懇親会に参加していたそうです。だから、あの日突然、しかもものすごい勢いで話しかけてきてくれたのりちゃんのことをよく覚えています。

その後、彼女から「やりたいこと」を聞く機会がありました。

なんと「女性起業家たちが助けあい、応援しあうコミュニティをつくりたい」と！

それ、私の夢と同じ！　そう伝えると「千晶さんがやっているならいっしょにやる！」とセンスの仲間になってくれたのです。

「女将になりたい」夢が一気に加速、そして緊急事態宣言

センスに入って最初に仲間の前で自己紹介したときです。

「ゆくゆく銀座8丁目で女将をやりたいんです」とのりちゃん。

職場でもなく家庭でもない、少しの時間ホッとできるサードスペースを作りたい！というのが女将をやりたい気持ちの原点でした。

すると、その言霊がみんなの背中を押したのか、すぐにセンスの中に「女将プロジェクト」が立ち上がり、あっという間に夢を叶えてしまったのです。

しかも銀座8丁目という場所まで叶ってしまうという奇跡に全員が驚きました。

なんだか不思議な展開でしょ？　実は女将をずっと探している方がいて、のりちゃんが「女将になりたい」と口にした途端、その人の耳に届いて実現したのです。

夢を口にしなければ叶わなかった現実です。口にするのってすごく大事です！

そして、いよいよ2020年4月1日、のりちゃんの女将デビューが決まり、準備も徐々に整っていきました。そんな最中でした、新型コロナが世界中に、そして日本でも拡大していったのです。

本来であれば、3月31日。女将デビュー前日にお披露目会を盛大に行う予定でした。

しかし自粛要請の波には勝てず、仲間内のささやかな会になりました。

それでも春4月、のりちゃんは夢を叶えて女将デビューしたのでした。

紀子女将、チャレンジし続ける！

オープンしたものの飲食店にはコロナの蔓延を抑制するために何度も営業自粛要請

が出されました。

せっかく綺麗にしたお店に足を運んでくれるお客様がほとんどいない中、紀子女将は果敢にチャレンジを続けました。

まず始めたのが、「紀子女将と飲めるZｏｏm飲み会」。私も参加しましたが、この飲み会には毎回15名前後の方が参加し、大いに盛り上がりました。のりちゃんの人と人を繋ぐ気持ちはここにも表れていました。

さらにフェイスブックライブとインスタライブを銀座のお店から配信。一度ご縁のあったお客様にお店を忘れてほしくない一心で、出来ることを次々とやるのりちゃんです。

その健気な姿を見ていると、本当に心から応援したくなりました。

涙のクラファン

のりちゃんといえば、忘れられないエピソードがクラファン（クラウドファンディング）です。お店の売り上げをどうにか確保するためにのりちゃんは店長と相談して、クラファンを立ち上げました。

このクラファンは、支援してもらった方にリターンとして飲み物や食べ物の前売りチケットの販売をしたり、体験やグッズを売る仕組みになっていました。

２０２０年当時、他の飲食店も積極的にクラファンをしていました。そんな中、のりちゃんも果敢にチャレンジします。しかも「１００万円」という大金を目標金額に設定！

最初の1週間は波に乗って順調でしたが途中で失速。締め切りの3日前でも達成率はようやく60%。これでは達成はもう無理、珍しく弱気になっているのりちゃんがそこにいました。

しかし、そこから怒涛の快進撃が始まりました。のりちゃんの状況を知ったセンスの仲間たちが、のりちゃんのクラファンを次々とＳＮＳで応援し始めたのです。

その応援の波は本当に凄まじく、ＳＮＳを開くたびに仲間の誰かがのりちゃんを応援する投稿をしていました。

そして！　なんと締め切り目前で奇跡的に１００万円という大きな目標を達成したのでした。

のりちゃんと仲間たちが教えてくれたこと

クラファンの目標金額を達成した直後、のりちゃんからセンスの仲間全員に泣きながら収録した「ありがとう動画」が届きました。その動画を見て仲間たちもきっと泣いたと思います。もちろん私も号泣しました。

この奇跡は彼女の頑張りが全員の心を掴んだから起きたのです。

のりちゃんと仲間たちの頑張りを見て、一人の仲間の夢をみんなで応援するというのは、こんなにも嬉しいものなんだと痛感しました。コミュニティの力は本当に果てしないんだ。この出来事を通して改めて教えられました。のりちゃんには感謝しかありません。

のりちゃんの次なる夢は「自分らしく生きるイマココビレッジ」です。

のりちゃんは今、もう次の夢に向かっています。

それは、海外の南の島で「自分を見つめて本当の自分を知り、新たなスタートを踏み出すきっかけになるような場所」を作ることです。人生に疲れたり、なんのために生きているのか分からなくなってしまったような働く女性たちが羽を休め、心を落ち着かせ、エネルギーをチャージできるような村を作りたいのだと語ってくれました。

その村の名前は「イマココビレッジ」。

新たな大きな夢に向かってのりちゃんは今日もキラキラしています。

夢を軽々と実現させてしまいそうな「軽やかな強さ」の持ち主ののりちゃんです。

清美ちゃんこと、山崎清美さんを紹介します。

仕事　カリグラフィー&カルトナージュ教室　Atelier Jun 主宰　一般社団法人日本ライフスタイル・ビズ 代表理事

年齢　52歳

私、こんな夢を追いかけてます！

センスの仲間に入るときに開いていた「カリグラフィー」「カルトナージュ」の教室。軌道に乗っていたとはいえ、ひとり起業は辛いもの。そんなとき、信頼できる仲間と出会えて精神的にものすごく楽になれました。

仲間がいて、前向きに背中を押されたり、仲間の背中を押したり。そんな環境を得てさらなるステップアップできている自分を毎日実感しています！

清美ちゃんはこんな人

山崎清美さんは、カリグラフィーとカルトナージュの教室を営み、自らも作家として活躍しています。

センスの仲間の中ではビジネスがひと足早く軌道に乗っている先輩です。先輩だからこそ経験してきた悩みやその解決方法が、これから活躍したい仲間のお手本になってくれています。

教室は軌道に乗った。でも、このままでいいの？

「カリグラフィー」「カルトナージュ」という言葉をご存知でしょうか。

「カリグラフィー」は西洋の書道ともいわれ、アルファベット文字を美しく装飾して書く技法のことです。

おしゃれなレストランやカフェのメニュー、結婚式のウェディングボードなどに使われることも多いので、目にする機会もあるのではないでしょうか。

「カルトナージュ」は、厚紙と美しい布を使って箱などの雑貨をデコレーションすることをいいます。


清美ちゃんの営む「カリグラフィー」「カルトナージュ」教室はオープン3年目に

はすでに軌道に乗り、集客に困ることはなくなりました。主婦の起業としては理想的な姿といっていいですよね！

そんな大成功を収めていた清美ちゃんでしたが、ある悩みがありました。

教室が忙しくなるにつれて、ある不安が生まれてきたのだそう。

「昔から手仕事が大好きで教室をはじめ、たくさんの人に楽しさを共有してもらい、楽しみながらやってきました。

でも、どうしても一人でやるのには限界があるんです」と。

ハンドメイドを楽しむ方々の大きな協会に所属することなく、個人で教室を営んでいた彼女には重荷がのしかかっていました。

たとえばSNSの進化。時代とともに新しいSNSが登場してくるものの、それらについていく余裕がありません。

また、教室で教えるということは情報発信です。発信するばかりでインプットする時間が確保できていませんでした。

日々、そんなモヤモヤがあり、不安に悩んでいました。

そんな時です。清美ちゃんは偶然にフェイスブックでセンスの誕生を見つけてくれました。

「私がほしかったのはこれだ！」。そう直感したと清美ちゃんは言います。

2020年3月頃のことでした。「私のように個人で起業している方のコミュニティで、ともに学んだり、目的を持って一緒に頑張っていこうという場だとすぐ理解できました。まさに私が必要としていた場所でした。ここで、自分がほしかった起業仲間とのつながりをつくりたい！」と思ったそうです。

まさに私が目指したセンスはそんな場所です。ネットの海の中、清美ちゃんがセンスを見つけてくれたことに感謝です。そして、清美ちゃんの参加によって、センスはよりセンスらしくなれたと感じています。

ビジネス上の悩みを打ち明けることができる場所

センスに入ったばかりの頃の清美ちゃんは、教室を続けていくなかで、「人に教えたい時期」と「自分の作品をつくりたい時期」が極端に分かれてしまい、「本当は私、どっちをやりたいんだろう？　どちらをやるべきなんだろう？」といつも悩んでいたとか。

その悩みを聞いたとき、私にはどちらかを選ぶのではなく、その両方が清美ちゃんにとって大事なように感じられました。

清美ちゃんにそのまま「両方あるからいいんじゃないかな？」と話しました。

私やセンスの仲間との会話を通じて、清美ちゃんは、どちらかを選ばなくちゃいけないという考えを捨てることができたといいます。

それまで誰かにビジネスの悩みを聞いてもらったり、ましてやアドバイスをもらう機会のなかった清美ちゃん。まずは相談できたことでうんと心が軽くなったといいます。

「センスに入って初めて、思っていたことをぶっちゃけることができました（笑）」

センスに入る前に想像したとおり、想いを同じくする人たちの集まる場所は、とても居心地がよく、仲間のみんなのことがとても信頼できると、そう話してくれる清美ちゃんでした。

「ママ、最近なんか楽しそう！」娘のひと言に実感！

「最近、『楽しそうだね』と娘からよく言われるんです」と清美ちゃん。

改めて、一番身近にいる家族にそう言われると、自分がセンスに入って大きく変わったことを実感するといいます。

「以前は、講師仲間などとのつながりもなく、一人で黙々と、眉間にシワをよせて頑張っていたのかもしれない」と振り返り、「日常的にセンスのみんなと繋がっていることで精神的に楽になって、話題も増えた。きっと笑顔も増えたんですね」と語ります。


清美ちゃんはさらにステージアップしています！

清美ちゃんは最近、専門知識・技術に特化した活動を通じ、「手が届く本物」とともにある生活を提唱した「一般社団法人日本ライフスタイル・ビズ」を立ち上げました。千葉県千葉市を中心とした地域と連携することで、人材を発掘し、講師を育成しながら、活躍できる場を提供しています。

また、講師の資質向上のための講習会を開催し、起業支援も行っています。

「人々の心豊かな暮らし」に貢献したいという想いを胸に清美ちゃんはビジネスステージをぐんぐん上げて、私たち仲間の目標になってくれています。

さっちゃんこと、藤居幸恵さんを紹介します。

仕事　人事採用コンサルタント　瞑想ヨガコーチ
年齢　44歳

私、こんな夢を追いかけてます！

意外にも世の中には利益を最優先してしまうから「できないこと」がたくさんあります。それなら「最優先しない」からこそできるビジネスをしよう！「瞑想ヨガ」を、心から自己成長を望む人たちにしっかりと伝えたい！

さっちゃんはこんな人

さっちゃんは、どの会社にもある事務や総務、採用や人事などの「バックオフィス（裏方の仕事）」を一手に引き受けるスペシャリスト。

留学経験もある彼女は、英語翻訳や英語事務の仕事までこなしてしまいます。

さらにバックオフィスの仕事と並行して瞑想ヨガのインストラクターもしている多

彩な女性です。

さっちゃんは、センスに入ったことで、本当に自分がやりたかったビジネスの形が見えてきたそう。

200％で生きているから、半分に減らしたい！

さっちゃんは、もともと姉の通っていたコーチングスクールの後輩でした。そんな縁もあってセンスに入会しました。さっちゃんの第一印象は「真面目な人」でした。それもそのはず。ビジネスの場で男性たちと対等にわたりあい、信頼を得てきた女性です。考え方もとても男性的で、最初はまるで男性の経営者と話しているようでした。

センスに入った仲間が最初に受ける講座があります。その講座では、

「今、何％で生きていますか？」

という質問を必ずします。

これまでこの質問にさっちゃんは「常に200％で生きているので、半分に減らしたいんです」と答えたのがとても印象に残っています。

200％で生きていますと答えた人は、それまで一人もいなかったので本当に驚きました。見た目はもの静かで落ち着いた雰囲気なのに、内面はそのくらいエネルギッシュな彼女です。

自分を救ってくれた瞑想ヨガ

さっちゃんのライフワークの一つである瞑想ヨガは、実は子育てに悩み落ち込んだ時に出合いました。

瞑想ヨガをすることで、偏っていた自分の考え方に気づくことが出来たそうです。そこから自分の行動や言動を変えることで状況が大きく改善したのです。

自ら瞑想ヨガの効果を体験した彼女は、さらに瞑想ヨガを学び、インストラクターになりました。

今も、瞑想ヨガインストラクターとして「ヨガで身体を柔軟にすることで身体に瞑想をする準備を整え、そこから心を整えること」を目的として、多くの方たちに喜ばれています。

実はセンスでもさっちゃんの瞑想ヨガがブームになって、期間限定でみんなで取り組んだこともあるほどです。私も遅ればせながら「ヨガ」と「瞑想」入門させていただき、さっちゃんの伝えてくれる「軸を中心に戻す」が出来るようになりました。自分一人では難しい瞑想も、こうして仲間と行うことで出来るようになる！　ということを実感した嬉しい体験となりました。瞑想が苦手な方、なかなか習慣にすることが難しいなと思われている方は、ぜひさっちゃんの瞑想ヨガを一度体験していただきたいなと思います。

クラファンが200%の大成功！

あるとき、センスの仲間たちが開催した「クラウドファンディング講座」のワークをきっかけに、たまたま一緒のグループになった曼荼羅作家の晃代さんと話が盛り上がり、数か月後、いっしょにクラウドファンディングをスタートさせた彼女たち。

さっちゃんが詳しい「瞑想」と晃代さんが詳しい「曼荼羅」は相性がとてもよく、二人で打ち合わせを重ねて出来上がったのが「曼荼羅瞑想ノート」でした。

晃代さんが描いた曼荼羅がノートの中央に描かれており、それを見ながら瞑想も出来るし、瞑想が終わった後に夢を書きだすノートとしても、どんな使い方をしてもO

Kなのだとか。

二人はこの瞑想ノートのクラウドファンディングを立ち上げ、たった5日で100％を達成し、最終的には200％を達成してしまいました。

センスの仲間達からもたくさん応援されて、クラファンは最後まで賑わっていました。

さっちゃんが普段から仲間への応援を惜しみなくしているからこそ、こんなにも応援されたのだと思います。

私も毎日このノートに未来日記を書いています。数年後に見返して、叶っているかどうかが今から楽しみです。

全員が笑顔のセンスってすごい！

さっちゃんが初めてセンスの講座に参加したとき、こんなふうに感じたそうです。

「周囲を見渡すと、ホントに全員が笑顔。それがすごいと思いました。

なんだか自分まで自然に笑顔になれるんです。仲間たちの笑顔のシャワーを浴びているうちに、男っぽい気質の私の女性性の部分が開花したのかな？」

満面の笑みでそう話してくれました。

私から見てもさっちゃんは、センスに入ってずいぶん印象が変わりました。どこか柔らかな雰囲気が加わり、さらに魅力的に！

２００％で生きていた彼女は、言うまでもなく経済的に自立し社会で活躍している女性。そういう彼女が、抱え過ぎていたものを手放し、自分らしく輝く生き方を選び始めている。そんなきっかけにセンスが少しでも役立っていたらうれしいです。

子育てママたちを応援したい！

今、彼女は子育てママの社会的価値を高める活動を始めたところです。

「子育てをしたこと」によって得られたスキルが、どれほど社会にとって役に立つものなのかを検証して言語化。子育てをしているママたちへのビジネスを含めたサポートをしていきたいと語ってくれました。さすがさっちゃん！

シャイアさんこと、土屋シャイアさんを紹介します。

仕事　セドナライフクリエイター

年齢　52歳

私、こんな夢を追いかけてます！

私は今、スピリチュアルの聖地と呼ばれるアメリカのアリゾナ州・セドナに住んでいます。

これまでとは違う新しいスタイルで、優れたスピリチュアリストを生み出す養成スクールを頑張っています！

シャイアさんはこんな人

シャイアさんは、世界的に有名なパワースポット・セドナに住む日本人女性。

現在、オンラインでスピリチュアリスト養成講座を開講して、多くの受講生に指導しています。

「なぜ、セドナ在住の日本人がセンスに？」

不思議でしょ？　コロナは悪いことばかりじゃありませんでした。センスはオンラインで世界中の素敵な女性と縁を結ぶきっかけになってくれたのです。

ビジネスを成長させるためにはコーチが必要！

シャイアさんとセンスが出会うきっかけは、彼女が姉のコーチングを受けたことが発端でした。

当時、彼女はビジネスをきちんとした形にするために、自身を振り返り、しっかり向き合って基盤をつくらなければと考えていました。

「ビジネスをしっかり構築するには自分一人の力では無理。コーチが必要！」

彼女がコーチを探す中、姉にたどり着いたのでした。あるサイトでコーチのリストを見たシャイアさんは姉の名前「今野綾」が光って見えました。

「この人で間違いない！」

そう確信して姉に連絡したのだそうです。

その後、姉のコーチングを受ける中「なんでも語り合える仲間がほしい」と相談したことでセンスとの縁がはじまりました。

「今野さんが勧めるなら間違いない」

二人の間にはすでに強い信頼関係があったのです。

受講生の立場でこれまで見えなかったことが次々見えてた！

2020年9月、センスに仲間入りしたシャイアさんですが、「みんなで楽しくやれるのが素敵。その中に入りたい！」という想いが強かったとか。

また、これまでスピリチュアルに興味がある人以外との付き合いが少ない上、アメリカでの生活が長くなるうちに、どこか自分の感覚にズレがあるのを感じていました。「スピリチュアルとは無関係の、普通の人たちと出会いたかった」のだと気づいたといいます。

受講生の立場になったことも彼女にはとても刺激になったそう。

「千晶さんやお姉ちゃんの人への接し方を見ていて、とても勉強になりました。熱い愛が見えるような感じで。自分がヒーラーとして受講生に対する時に、どのようにすればいいかを考える上で、気づきがとても多い！」

と話してくださったときはとてもうれしく思いました。

みんなと同じ目線で、より科学的に伝えられるヒーラーに

シャイアさんは、以前から、「ヒーラーが先生のようになり過ぎるのに違和感があった。みんなと同じ目線で、もっと科学的に伝えられるスピリチュアルにしたいと考えていた」と話していました。

そんな課題を意識したなかで、センスの仲間ができたことは、とても意味があったそうです。メンバーどうしの会話から自然とスピリチュアルにより過ぎない思考もバランスよく考えられるようになって、

「上から目線でモノを言う、古くてダサいヒーラーから脱してしっかりやっていきたいって改めて思えました。ただの友達どうしとの会話とは違って、一緒に同じ方向を見て勉強しあえた仲間だからこそ見えてくるものがあった」と。

いま彼女は、オンラインで「セドナ究極スピリチュアリスト養成講座」を開講し、自己実現・人格形成を経て、ヒーラーとして活躍できる人の養成に取り組んでいます。

これまでのスピリチュアルの常識にとらわれないで、科学的に伝えることにも配慮

した講座で毎回人数制限を行うほど人気です。

シャイアさんの能力はみんなを幸せにする

それはシャイアさんとオンラインで話をしていた時の出来事です。

スピリチュアル能力の高いシャイアさんにこんなことを聞いてみました。

「何かを見たりしてすぐにその方の何かを感じることはできるの？」と。

彼女はこう答えてくれました。

「私、背中を見るとその方のハートチャクラの形が見えるんです」

早速、姉と私の背中を見てもらったところ、姉は「バランスがいい」、私は「もっと言いたいことを言っていい」と言われました。

このときは、「言いたいこと」が何かがすぐに分からなかったのですが、当時のことをよく考えてみると、確かに言いたいことを全然言えていない時期だったのです。

実は慣れないSNSを頑張っていて、「これは私には向いていない、嫌だ」と言い出せず、体調も悪くなっていた頃でした。それを一発で見抜いていたなんて、さすがシャイアさんです。

この素晴らしい能力ももっと世のために使ってほしいので、今後何らかの形で企画していただきたいと思っています。これもすぐ人気が出そうですね！　皆様、お楽しみに！

そしてシャイアさん、センスと出合ってから、不思議と影響力のある人をサポートする機会が増えてきたそう。経営者や多くの部下を抱える方は、社員の幸せを常に考えるために、自分の健康状態や精神状態を常に整えておく必要があります。実際にサポートを受けた方にお話を伺ったところ、彼女とアクセスするだけで飲食状況から体調管理、精神面まで乱れずに整えられるんだとか。すごくないですか？

シャイアさんの未来のすべてが楽しみでいっぱいです！

梅ちゃんこと、梅村彩華さんを紹介します。

仕事　客室乗務員
年齢　33歳

私、こんな夢を追いかけてます！

誰かをサポートし、その人をキラキラ輝かせることが大好き。

子育てを楽しみながら、自分の夢も叶えていきます！

梅ちゃんはこんな人

女性にとって子育ては大変な時間とエネルギーを注ぐ大仕事です。ご主人の仕事の関係で韓国に暮らす梅ちゃんは、二人の小さなお嬢さんの子育て真っ只中でした。

結婚後も客室乗務員としてバリバリ働き、出産をきっかけに子育て一筋になった彼女でしたが〝ある再会〟をきっかけに、新しい一歩を歩みだしました。

梅ちゃんは〝アクティブママ〟と呼ぶにふさわしい女性です。

韓国からセンスの仲間入り

実は梅ちゃん、以前姉が講師をしていた幼児教室にお子さんを連れて通っていた生徒のママさんでした。

レッスンでの姉の発信や明るい雰囲気に、大ファンになってくれた梅ちゃん。姉が退職して教室で会う機会がなくなっても、いつか再会したいと片思いをしてくださっていたそう。講師冥利に尽きる話です。

それから2年後、梅ちゃん、ふとしたきっかけで姉の名前を本当にネットで検索してみたそうです。するとあの「今野綾」さん、コーチになっているではないか！　絶対に再会したいし、コーチングも受けてみようと早速申し込んだ梅ちゃんでした。そして2年ぶりの再会を果たした二人。わざわざネットで検索して連絡してくれる方なんてそういません。姉がものすごく喜んでいたのを覚えています。

一方の姉の大ファンを公言する梅ちゃんはセンスの話を聞いて「なんて素敵なコミュニティだろう。私の想いにもぴったり！」と入会を即決してくれました。

当時、コロナの不安定な社会情勢や韓国への引っ越しも決まっていたのにです。

小さいお子さんを二人も抱え、慣れない土地での生活にとても苦労したはず。なのに、センスのオンラインサロンに参加する梅ちゃんの表情はいつも笑顔で、大変な状況すら笑いに変えてしまうバイタリティがありました。

オンラインサロンではお茶会や部活動をしていますが、その活動にも積極的に参加してくれ、あっという間にセンスになくてはならない仲間のひとりになってくれました!

ママだって夢を叶えることが大事!

梅ちゃんは、センスに入会以前から、「ママだって夢を叶えることができるはず。ママが自分のために満たされた時間を持てたら、もっともっと幸せになれるはず」と考えていたそうです。

「初めての育児のときは、ホントに子ども最優先で生きてきました。

それはそれで幸せだったけど、二人目の子どもの育休に入って、まずママが満たされることが大事と考えていたんです。そんなタイミングでセンスを知って参加しました。

自分の思いを肯定し行動し始めてから、気持ちも楽になり、家族にも良い影響がありました」と話してくれる梅ちゃん。

センスで学び、仲間と関わる中で、その想いは強くなっていったそうです。

ママ同士のお話会やイベントを企画

現在、「インスタグラムなどでママたちを集めて、イベントを開催している」という梅ちゃん。

「予想したとおり、『子育て最優先』が当たり前になっているママが多い」と感じ、もっと自分の好きなことを口に出して、夢を実現するきっかけになることをしたいと思った彼女は、「子育てを頑張っているママたちにこそ夢を持ってほしい」と話します。

それはセンスの考え方とまさに重なります。

先日もセンスの仲間が開催する絵本の読み聞かせイベントに、たくさんのお友達に声をかけてくれて、イベントの盛り上げに一役買ってくれていました。

自然と人の応援ができる梅ちゃんに優しさと人を惹きつける魅力を感じました。

ママが楽しんでいる姿を子供たちにも見せたい一心で

そんな梅ちゃんのＳＮＳはママたちの間で大人気です。子供たちを笑わせたり楽しませたりするアイデアが何といっても面白いのです。たとえば、大きなアロエでスライムを作ってみたり、ストローで蝶の羽が動くおもちゃを作ったり、ペットボトルにスイカの絵を描いて種から水の出るジョーロにしてみたり。梅ちゃんの発想が面白い！　そしてそこに登場するお子さんたちの表情がなんとも可愛い！　目をキラキラさせて不思議そうに見つめ、満面の笑みを浮かべています。

投稿された写真を見ているだけでこちらまで幸せな気持ちになります。きっと投稿をみて真似しているママたちが多いことでしょう。子育て中の方はもちろん子育てを終えた方も梅ちゃんのインスタグラム、ぜひご覧になってみてくださいね。

人をサポートして輝かせたい！

梅ちゃんには、人をポジティブな気持ちにする力があります。落ちこんでいる人がいると、自然に気遣って声をかけてくれ、その人を明るく笑わせて元気づけてくれるのです。計算なしに自然にそれができてしまう。ホントにこれは彼女の天賦の才能です。外見もとびっきり綺麗で超ポジティブエネルギーを持っているので、今後、自身が中心になったビジネスで成功するのでは？　と思っていたのですが、彼女の想いは少し違っていました。

「私は人をサポートするのが好き。ホントに人を輝かせることが心から大好きなんです」

人をポジティブにする圧倒的な才能を持つ梅ちゃんの未来がどう輝いていくか楽しみで仕方ありません。

ふみちゃんこと、高木文子さんを紹介します。

仕事　ダイエットコーチ　メディカルアロマセラピスト　ダイエットサロン non*no 主宰

年齢　51歳

私、こんな夢を追いかけてます！

我流のダイエットの大失敗の経験を活かし、健康に美しく痩せるためのダイエットコーチへ。

ふみちゃんさんはこんな人

大阪に住むふみちゃんは、自らのダイエット経験の反省から、正しいダイエット法を学ぶ必要性を痛感したのだとか。

やると決めたら資格も取得し、２０１５年から会社員をしながらダイエットコーチの活動をスタートさせました。２０２０年６月には長年勤めた会社を退職。ついにダイエットコーチを本業として活動を始めました。

我流ダイエットで14キロ減を達成！　ところが思わぬ落とし穴が！

43歳の時、ふみちゃんのお母さまが突然認知症になってしまい、育児と家事と仕事と介護のストレスから暴飲暴食を繰り返し、半年で自己最高体重に！

Sサイズだったのが一気にLサイズに成長。

「私の人生このままで終わりたくない！」という想いで一念発起。そこから強行ダイエットを行ったそうです。

ふみちゃんは大好きなワインもケーキも止め、厳しい食事制限を自分に課し、毎日1時間以上のランニングや運動を続けた結果、3か月でマイナス14キロを達成！

しかし喜んだのも束の間、あまりの無理で急激なダイエットに身体が追い付かず、肌はシワシワ、身体はタルタル、髪はパサパサ、倦怠感、低体温、生理不順の体調不良のオンパレードに見舞われます。

こんな間違いだらけのダイエットを経験したおかげで、どうすれば美しく痩せられるのかを学び研究してダイエットコーチの資格を取得したのです。ふみちゃん、すごい！

センスには、自分が変われるチャンスがある！

資格を取得した後、会社員として勤務する傍ら、ダイエットコーチを始めました。センスに出合ったのは、ダイエットコーチで本格的に起業したいと考えはじめた頃でした。会社員を辞めて専念するのは一番勇気がいる瞬間です。

そんな時期です。ふみちゃんはたまたま私がイメージコンサルティングをしたクライアントのブログ記事を偶然見つけ、私の存在を知ります。

「ダイエットコーチを本業にしたいと思いながら、もう5～6年ずっとできずにきてしまった。でもセンスに入ることでこの夢、叶うかもしれない！　自分が変われるチャンスはここにあるかも！」

ふみちゃんはそんな直感が働いたそうです。

直感どおり、センスに入ったその年の6月、ふみちゃんはついにダイエットコーチとして起業を果たします。

同時にその年の8月、ふみちゃんの願いが通じて「大阪センス」も開校。

実はふみちゃん、センスに入る前にホテルのラウンジで開催していた「センスお茶会」の記事を見て「大阪でもセンスお茶会を開催してください！」と連絡をいただいていました。そして、東京センスに入ると「センス、どうか大阪にも作ってください！」と熱い想いのもと、大阪センスは作られていきました。

大阪センスはふみちゃんのひと言から始まり、遂にその言葉通り実現したのです。

ふみちゃんの行動を見ていると、自分はどうしたいのか、どんな未来を作りたいのか、それをあえて周りに伝えるのって大事なことなんだなと痛感します。だって、本当に「大阪センス」が実現しちゃうんですから。

センスの仲間がモニターとして協力。起業に弾みが！

ふみちゃんが提供しているダイエットカウンセリングは、正しいダイエットの知識を学んでもらい、食事と生活習慣、運動などの提案をし、3ヶ月かけて無理なく「痩せる習慣」を身につけていくもの。リバウンドしにくいと評判です。

毎日の食事や運動、体重などをメールやLINEで報告してもらい、彼女がチェックして返信するという、きめ細かな設計です。また、週1回の振り返りを含めたZoom講座も行います。

ダイエットコーチとして本格的に起業するにあたり、多くのモニターが必要でした。そのときふみちゃんは「グループダイエット」というこれまでにない形のダイエットを考え出してモニターを募集しました。

すると、あっという間にセンスから8名の仲間が協力したいと手をあげてくれました。さすが、コミュニティの強みです。

ただダイエットするだけでなく、その先の人生を価値あるものにするために

ふみちゃんのグループダイエットを受けた方の中から、ウエストマイナス10センチになられた方や12キロ減、15キロ減の方も出られたそう。

ふみちゃんのダイエットコーチとしての仕事は、単純にウエストや体重を減らすことだけではありません。クライアントの「なりたい姿」を様々なアプローチ方法を使って問いかけていきます。そして、痩せることだけが目的ではなく、人生をいかに輝かせるか、花開かせるかに焦点を定めていくのです。なので、彼女のクライアントはほとんどの方が結果を出されているのだと思います。

また、「自分が嫌い、自分の人生が大嫌い。だからメイクもしないし洋服にも全く興味がない」と仰っていたのに、数か月後に5キロのダイエットに成功し、メイクや外見を磨くことにも興味を持ち、好きな人まで出来て、人生がガラッと変わったというクライアントの方も現れました。

「少し自信がなくてもいつの間にかその人の魅力を開花させてくれる先生」と多くの喜びの声もいただくようになったそうです。

まさにその先の人生を価値あるものに変えていく力があるのだと思います。

自己紹介で宣言した夢が次々と叶っていく！

ふみちゃんがセンスの集まりで宣言した「なりたい姿」は「大阪と東京を行き来し、全国を飛び回るような仕事がしたい」でした。

今、まさにそれが実現しはじめています。

2021年6月からは、念願の表参道での仕事も始まりました！　メイクアップアーティスト森本美紀さんにご協力いただき、プライベートサロンAtelier ZOEにて、アロママッサージのサービスをスタートさせました。私も毎月、表参道のサロンでふみちゃんのアロママッサージの施術を受けていますが、大好きなアロマの香りに包まれながら、全身を優しくケアしていただく時間は、頑張った自分へのご褒美にしているくらい、私にとって必要な時間です。この施術はセンスメンバーのファンも多く、毎月予約はすぐに埋まってしまうほど。

ふみちゃんの願望実現は表参道だけではありません。今度はなんと、整体の高名な先生から施術サポートの仕事の依頼もされ、銀座サロンや伊勢や山口など全国を飛び回っています。また、最近では京都からも声がかかり、嵐山サロンでも施術することになりました。

全国各地を飛び回るような仕事をしたいと言っていた夢への実現が次々と叶っています。そんな彼女の施術をぜひ受けてみてくださいね。

このように彼女の周りには面白いように「引き寄せ」が次々と起こり、「ミラクルが起こることがもはや日常になりました」と会うと必ず笑顔で報告してくれています。

ふみちゃんは、「夢は叶うよ」ということを自分の人生を通して、夢を追いかける姿を見て、子供たちが感じ取ってくれたなら、これほど嬉しいことはない、と話をしてくれたことがあります。大丈夫。お子さんたちにもきっと、伝わっています。

なっちゃんこと、ましもなつこさんを紹介します。

仕事　ドラマティック☆数秘「なつこの部屋」主宰

年齢　48歳

私、こんな夢を追いかけてます！

自己満足でなく、世界を広げ成長したい！

数秘術をビジネスとして意識し、互いに楽しめるものに

なっちゃんはこんな人

なっちゃんは、素敵なご主人と頑張り屋さんの中学1年生の男の子のママさん。いつお話ししても体中から幸せオーラが光り輝いているような女性です。

会社で事務の仕事をするかたわら、「数秘」のセッションを月に4名様限定で行っています。「数秘」は生年月日などの数字や名前からいくつかのナンバーを導き出し、人の性格や現在・過去・未来を占うもので、統計学の一種と言われています。

女性のコミュニティは苦手。でも、センスは気持ちよかった！

なっちゃんに初めて会ったのは、あるパーティでのこと。たくさんの参加者の中、まるで芸能人のように、きれいで華やかなオーラの女性がいました。それが初めてなっちゃんを見た瞬間です。

オーラが違いすぎて会場中の注目の的なのです。

そんな雰囲気ですから、その日は話しかけたいけれど、結局話しかけられないまま終わってしまいました。あ、正確には「なっちゃんを初めて見た日」ですね。

初めて見たときからなっちゃんは気になる存在。ところが数か月後、そんな彼女のほうから連絡があり、あるイベントのランチタイムでやっとお話しできたのです。

そのランチで「女性どうしのグループやママ友との付き合いが苦手なんです」と伺ったので、センスは「愚痴の言い合いもないし、女性特有の派閥のようなものもないんだよ」と伝えると、センスに魅力を感じてくれたようです。

帰り道が偶然一緒になったセンスの仲間からも「仕事や夢について遠慮なく話すことができるし、家族のことも話せる。友人というよりも仲間の集まりだよ」と聞いたようです。

当時のなっちゃんは、趣味の延長で「数秘」のセッションを始めたのはいいけれど、起業の仕方を学んだこともなかったので、ちょうど起業の仲間や先生、メンターがほしかったのだそうです。それならぜひ！　とセンスに入ったなっちゃん。

実際にセンスの仲間になってみて「ここは何よりも心地よい。ベタベタした人間関係もないし押し付けがないから気持ちが良いコミュニティです」と話してくれました。

趣味の延長ではなく、「ビジネスとしての数秘」を意識

なっちゃんの数秘セッションのお客さまは、やりはじめた頃はお友達が中心でした。少しずつ力がついてきた自覚が出てくるにつれ、もう少しお客さまの幅を広めたいと考えていました。だけど、どう広めればいいか分からず、もどかしく感じていたそう。「このまま狭い世界だけで、自己満足で終わらせるんじゃなく、実践経験もさらに積んで、もっと実力をつけたい」と考え出していました。

まさにセンスが必要なタイミングだったのです！　なっちゃんがセンスに入ってからは、コミュニティでの学びや仲間から影響を受け、ブログを始めたり、実際に会った人たちだけのSNSだったフェイスブックの使い方を変えたり、新しくインスタグ

ラムを始めたりと次々と新しいことを実行していきました。

行動した結果はすぐに出ました。まず、センスの仲間やSNSから人気に火がつき、いまや4か月待ちの人気セッションになったのです。

それでも、月に4人限定という人数制限は変更していません。それは彼女の数秘の特徴とも関連しています。

「好きな人のことを考えるように、ずっと一人の人のことを考えていると、言葉が降りてくるような感じなんです。今の私には一人のお客さんに1週間という時間はどうしても必要。余裕を持ってやらないと自分も楽しめないし、おもしろくない数秘セッションになってしまう」

こんな深い想いがあるから、なっちゃんの数秘の人気は後を絶たないのです。

なっちゃんの数秘が人気のわけ

大人気のなっちゃんの数秘セッション、もちろん私も受けてみました。

それはもはや数秘の世界を超越しているのではないかと思うほどでした。

数秘セッションは現在・過去・未来の生まれ持った素質を統計学から導き出したナ

ンバーの解説から始まるのですが、「現在」の話では聞いた瞬間から「たしかにその通り！」と納得するメッセージばかりなのです。

さらに素晴らしいのが、素質の解説だけでなく、それをどんなふうに展開していけばよいか（私の場合、「自分をひたすらそのまま表現する！」でした）のアドバイスがもらえること。

「未来」については、私のやりたいこと（みんなを豊かにしていくこと）と一致した数字を持っているなど、1時間半の中でなっちゃんから語られるプラスの言葉のシャワーがなんと心地よかったことか！

「千晶さんがやりたいことを思いっきりやっていくだけ」

「そこにみんなの未来も開かれた世界が待っています」

「その素質も才能も与えられています」

彼女が1週間かけて私のことをずっと考え続けて紡ぎだした言葉には「愛」しかありませんでした。

こんなに素晴らしい数秘セッション、日本中の方に受けてもらいたい！

時間をかけてつくり上げるドラマティックな数秘

なっちゃんは、女性にありがちな安易に迎合するところがない、さっぱりした思考の持ち主。自身の意思で真っ直ぐに幸せをつかみとっていく強さと、きれいな心を兼ね備えた人でもあります。センスのイメージキャラクターといえるかもしれません。大所帯となったセンスの中で、私や姉だけではまとめきれない部分を補ってくれる貴重な存在。これからもなっちゃんの活躍を心から応援しています。

ゆうこちゃんこと、小澤優子さんを紹介します。

仕事 夢が叶う速読伝道師

年齢 45歳

私、こんな夢を追いかけてます！

大切な仲間に出会い、マインドセット！
本をたくさん読むことで夢を実現できる。

優子ちゃんはこんな人

ゆうこちゃんは、2020年4月、カウンセラーとしてのスタートを切りました。長年、会社員として勤務してきたなかで、少しずつ見失いかけていた「自分の在り方」を問い直した結果、カウンセラーとして生きる、新たな自分の可能性を模索し始めました。

戸惑い、迷いながらも、夫に背中を押されセンスに入会

私とゆうこちゃんが知り合った経緯は、他の仲間と少し違っています。彼女のご主人と、あるコミュニティでご一緒したことが私たちが出会うきっかけでした。ご主人の運営していたコミュニティに講師として呼んでいただき、初めて彼女に会いました。

その後、私のイメージコンサルティングを受けてくれたとき、これから会社を辞めて自分の好きなことで仕事をしてみたいと思っています、とキラキラした表情で話してくれました。そうなの!?　起業を目指す主婦ならセンスです！　すぐにセンスの講座に見学に来てもらいました。

ところが真面目な彼女は、センスのテンション高めの明るい雰囲気にやや戸惑ったようです。そんな迷っている彼女の背中を押してくれたのはご主人だったそうです。

「ライフワークを探している私の気持ちを理解していた主人が、このチャンスを生かしたほうがいい。千晶さんなら大丈夫と後押ししてくれたんです」と話してくれました。

センスの仲間とふれ合うなかで、変化してきた自分

「センスに入った当時、私はまだ会社員をしていたので、千晶さんに『自分が好きな

ことをやって、ワクワクしたらいいよ』と言われても、何がやりたいのかピンときませんでした」

当時を振り返って、ゆうこちゃんはそう話してくれました。

私もまったく同じ経験をしてきたので、彼女の気持ちがよくわかりました。

何かやりたい！　でもいったい何をしたらいいのかわからない……のです。

その「何を」を見つけるには少しだけ時間が必要なのです。センスはそんな時間が必要なことを十分承知しているので、ゆうこちゃんのことを見守っていました。そして、センスの講義を聴いたり、仲間たちとふれ合うなかで、段々と自分が好きなことやりたいことがわかってきたそうです。

あるとき、ゆうこちゃんはこんなことを話してくれました。

「会社員を続けているなかで、ずっと否定され続け、自分に自信が持てなくなっていました。でもセンスは違う。ここの仲間は互いに良いところを認め合い、否定するようなことが本当にないんですね」

「千晶さん、センスでこんなにも笑い合えて信じられる仲間ができました。私にも安心できる場所があることで、自分は何をやってもいいんだと感じ、できるかもしれないという自信が生まれてきました！　本当に嬉しい」

私から見ても、センスに入ったばかりの頃の彼女は自己否定の傾向を少し強く感じることがあったので、とにかく「ここ（センス）は大丈夫」「ゆうこちゃんなら大丈夫」と伝え続けました。会社を退職したばかりの頃に比べて、彼女は心から信頼しあえる仲間に囲まれ、自分を表現することが出来るようになっています。

そしてまた、「自分が好きなことにアンテナを張れるようになったことで、チャンスをつかみやすくなった」と語ってくれました。ホントに大きな気持ちの変化です。

夢を叶える優子式速読伝道師が大人気

もともと本が大好きなゆうこちゃんは1日1冊というものすごいスピードで読んでいます。これは「速読術」を使っているからできるとのこと。彼女にとっては当たり前に使っているその速読術でしたが、「私にも教えて！」という声が寄せられ、彼女自身が実践してきた速読術を伝えるための講義をスタートさせました。

本を読みたくてもなかなか進まないという方に、この速読術を伝えて、一人でも多くの方に本の面白さを伝えたいと話してくれるゆうこちゃんです。

彼女の速読術の講座はセンスの仲間たちも絶賛！　彼女のポジティブで明るく前向きな姿勢に、センスがきっかけになって彼女が大きく変化したのだと感じて、嬉しく思っています。

もっと「自分らしく」を探して

ゆうこちゃんは、本当に純粋で裏表のない性格。よく天然と言われるそうですが、彼女の言葉の裏に計算がないのは話していればよくわかります。そんな純粋さが周囲の人に大きな影響を与えています。

たとえば、彼女がセンスの仲間の数秘セッション（なっちゃんのセッションです）を受けた後、とても感激して、

「なっちゃんの数秘、ホントに素晴らしい！　みんなにも受けてほしい」とＳＮＳにコメントを投稿したところ、次々に数秘セッションに申し込みが殺到したのです。

それはセンスの仲間たちにゆうこちゃんへの信頼感があるから。

「ゆうこちゃんが言うなら、きっと素晴らしいに違いない！」とみんなが信じられるのは、彼女の言葉に嘘がないことを知っているから。多くの人に影響を与えることの

できるゆうこちゃん。これは明らかに、彼女の持ち味であり魅力です。今後、彼女が新しくはじめるビジネスにも生かしていける才能だと思います。可能性に満ち溢れた彼女の今後がとても楽しみです。

お姉ちゃんこと、今野綾さんを紹介します。

仕事　センス副代表　プロコーチ
年齢　52歳

私、こんな夢を追いかけてます！


48歳からコーチングを学びはじめ、プロコーチとして独立！　コーチとして若者から経営者まで幅広い年齢層のクライアントの未来を創ります。

また、センスで夢を叶えたい人を妹・千晶といっしょに応援します。

お姉ちゃんはこんな人

お姉ちゃんは私・渡辺千晶の実の姉、リアル・お姉ちゃんです。

センスの仲間たちからも頼りにされ、みんなにとっても「お姉ちゃん」的存在なので、全員がお姉ちゃんと呼んでいます。

お姉ちゃんは私同様、専業主婦↓パート主婦ののち、コーチングで起業しています。

私たちは姉妹そろって同じような人生を歩いているのです。だからお互い、起業で悩んだことはなんでも相談しあう仲でした。

そんなお姉ちゃんは私がセンスという名前もまだついていない頃から「主婦のためのビジネスコミュニティを作りたい」という夢を応援してくれていました。だからセンスはお姉ちゃんなしには立ち上がらなかったし、いまも副代表として私とセンスを支えてもらっています。

生まれた時からずっと一緒のお姉ちゃん

そのお姉ちゃんと私は1歳半違い。もう1人、7歳離れた妹もいて私たちは三姉妹。歳の近い私と姉は物心ついた頃からほとんど一緒に過ごし、家で遊ぶ時も外で遊ぶ時もずっと一緒に遊んでいた記憶しかありません。部屋だって結婚するまで一緒でしたからかなり距離の近い肉親です。

しかも小中高校短大まで同じなのです（笑）。結婚もほぼ同時期、出産も同い年の子がいます。まあ、そこは1歳違いの姉妹なのでありそうな話ですが。

小さいころから相性が合っていたのだと思います。だから私はＯＬ時代から結婚した後も、面白そうなイベントがあるたびお姉ちゃんを誘っていました。

私が専業主婦から幼児教育のパートの仕事に就いたときも「そろそろ専業主婦は卒業して、仕事しようよ」と声をかけ、同じ会社に就職することになったのです。

お姉ちゃんは幼児教室の大人気講師！

もともと、家族の中で一番のおしゃべりだった姉です。

幼児教育の生徒さんのママたちの悩みを聞いてアドバイスをする仕事がとても向いていました。

彼女の教室はいつも生徒さんとそのママたちで溢れかえり、育児相談をする人が列をなしていました。

もともと凝り性で研究熱心なので、幼児教育の勉強もかなりしていました。

それに加えて、持ち前の明るい性格と、生徒さんとそのママ・家庭に応じた的確なアドバイスがママたちから支持されていました。

大人気講師ですから、私がその幼児教室を退職して起業してからも、ずっと講師の仕事を楽しそうに続けていました。

しかし、数年後のことです。会社側と意見が噛み合わなくなったことで落ち込んで元気をすっかりなくしていたお姉ちゃんにこんな言葉をかけたことがあります。

「辛い場所に居続けるんじゃなく、新しい世界で自分の可能性を開いてみてもいいんじゃない？　お姉ちゃんなら、何しても上手くいくよ！」

実はその時、もしお姉ちゃんも私と同じ起業の世界に来てくれたら、きっと楽しい毎日が待っていそう。そんなことも考えていました。

自分の可能性を信じてコーチの道へ

それからさらに数か月後、お姉ちゃんから会社を退職したと連絡がありました。そして、「私、何したらいいかな？」と。

その問いは私も経験しました。

「自分って何が好きなのか、自分でじっくり見つけるといいよ」と伝えました。

お姉ちゃんもそこからスタートしました。

センスの仲間全員にとって頼りになるお姉ちゃんですが、何をすればいいのか探すあの不安な時間をお姉ちゃんも同じように経験しているのです。

しかも数か月もがいてもなかなかやりたいことは見つかりませんでした。たくさんの本を読んだり、たくさんの人に会いに行ったりしたのにです。

ある日、そんな姉にふとこんなことを話したのを覚えています。

「お姉ちゃんだったらコーチングみたいな仕事が向いてると思うよ！」

姉と一番長く生きてきた私にとって、当たり前のように分かりました。そして姉にはすごくしっくりくる仕事のように思えたのです。だって、幼児教室ではママたちの悩みを次々に解決する大人気講師でしたし、小さいころからずっと話すことが大の得意。そこにコーチングの知識や傾聴が加味されたら、鬼に金棒ではありませんが、最高のコーチになるに違いない！　と確信していました。昔から人から相談を受ければあっという間に相手を笑顔にするアドバイスができるという才能がありました。

そんなお姉ちゃんがちゃんとコーチングを勉強したらもっと強力な、プロのコーチになる！　そんな未来が容易に想像できたのです。

起業を目指し、やがて人気プロコーチへ

お姉ちゃんは私同様、非常に素直な性格です（笑）。そして、彼女なりに納得した

のだと思います。コーチングはどう？　と言われて、それなら勉強してみようかと、姉はすぐにコーチングスクールに通いだしました。スクールで知識と技術を身に付けながら、コーチとして起業する準備を整えることにしました。

ひと足早く私が起業を経験していたので、お姉ちゃんには、何をしてどうしたら良いのかをステージごとにしっかり伝えることにしました。

するとひと言、「分かったー」と、コーチングスクールに通いながら、なんと次々とクライアントを獲得していったのです。すごくないですか？　スクールに通ってるのにお客さまを見つけちゃうんですよ、お姉ちゃんは！

いま、心から楽しそうにコーチングをしている姿を横で見ていると、起業という世界に姉を連れて来ることが出来て、本当に良かったなと思うのです。

センス副代表のお姉ちゃん

姉が起業して半年ほど過ぎたころです。私はセンスを立ち上げることを決めたとき、真っ先にお姉ちゃんにこう話しかけました。

「女性のための理想のビジネスコミュニティを作るから、お姉ちゃんも入ってほしい」

そう話しかけると、私が考えていることを話して聞かせました。話を終えた瞬間です。「いいよ！」と明るく短い返事が返ってきました。センスの内容がどうだとか、こうしたほうがいいとか、そんなことは一切言いません。それは全部を受け入れてくれる、自信と安心を与えてくれる「いいよ！」でした。後から話を聞いてみると、「一体どんなことが始まるのかよく分からなかったけど、千晶がやるなら絶対楽しそうだと思ったから！」と教えてくれました（笑）。

お姉ちゃんにはセンスに参加してもらうと同時に運営にも関わってもらいました。それ以来ずっと私の横でセンスを支えてくれています。

センスに入ってもらったときから、今も変わらずそうなのですが、「これをやってみたいんだけど」と相談すると「それいいね！　すぐやろう」という返事が返ってきます。そして、さらにこんなことをしたらもっと良くなる、こうしてみたらもっと面白くなるね、といつもアイデアを二人で出し合います。

そんなとき、きっと姉のコーチング能力はふんだんに発揮されているのだと思います。そのアイデアは成長し、進化していきます。そして未来に想いを馳せ、センスの根幹を作っています。

　私は姉がいつもそばにいてくれることで、どれだけの安心感とどれだけの勇気を与えてもらっているのだろう、とつくづく感じます。何があっても絶対的な安心感で、そばにいてくれる姉には感謝してもしきれないくらい、感謝しています。そしてそれは、センスの仲間のみんなも感じていることだと思います。お姉ちゃんは、センスにとってなくてはならない存在です。本当にありがとう。そして、これからもずっと笑いあって一緒に仕事をしていこうね！

　先日、姉のＳＮＳの投稿に「私の人生ど真ん中にセンスがある」という文字を見て、本当に嬉しくなって涙があふれたのは内緒です！

彩ちゃんこと、横尾彩子さんを紹介します。

仕事　フラワーアレンジメント講師　Chouchou couler教室主宰　イメージコンサルタント

年齢　46歳

私、こんな夢を追いかけてます！

フラワービジネス歴はもう13年になります。

子育てのかたわら、イメージコンサルタントの仕事もスタートしました。

ゆっくり、でも決してあきらめないで夢を追いかけます。

彩ちゃんはこんな人

彩ちゃんはセンスをスタートした頃からの仲間です。実は私とお姉ちゃんとはセンスを立ち上げる前からの付き合い。

彩ちゃんはいま、センスで起業を目指す仲間であると同時に、センスの運営や事務局、ＩＴサポートまで担当してくれています。

プリザーブドフラワーのアレンジメント教室

彩ちゃんは、フラワーアレンジメントの教室を開いてもう12年になります。彼女が扱っているのは生花ではなく、生花を加工したお花・プリザーブドフラワーとアーティフィシャル（造花）です。これらに彼女の感性を加えることで、とても美しい作品が生み出されます。

彩ちゃんの作品は花嫁さんのブーケや母の日父の日の贈り物としても大人気なのです。彼女の作品はインスタグラムでも見ることができます。ぜひ覗いてみてください！

センスをつくると同時に参加してくれた彩ちゃん

センスと彩ちゃんが出会うきっかけはお姉ちゃんでした。姉が幼児教室に勤めていた頃、生徒さんのママとして彩ちゃんと出会ったのです。

私が幼児教室主催のイベントに講師として招かれたとき、初めて彩ちゃんとお会いしました。そのイベントで紹介したカラー診断を彩ちゃんが受けてくれたのです。

その後、イメージコンサルタント養成講座も受講してくださいました。

彼女はふだんから洋服のセンスがとても良く、洋服に対する価値観がとても似ていたことやカラーの勉強をすることで、お花の仕事にも役に立つと思い講座にお誘いしたのです。

お子さんの入園もあり、1年ほどお休みしながら最後まで講座に通い続けてくれました。私がセンスを立ち上げることになったのは、ちょうどその頃のこと。

それまでママ友の世界で生きてきた彼女は、もっと仕事の可能性を広げたいという気持ちがあってセンスの仲間になってくれたのです。

後から彩ちゃんがこっそり話してくれたのですが、講座を受けていたころ、「もし千晶さんがやっている会社があったら、そこで働いてみたいって思ってたんですよ」と。

いま、センスの事務局でも大活躍の彩ちゃん。上司と部下ではありませんが、いっしょに仕事ができていることに私たちの不思議な縁を感じます。

イメージコンサルタントとしてもスタート

イメージコンサルタント養成講座を無事修了した彩ちゃんは、資格を取得。現在は、幼稚園のママ友などに、カラー診断をしたり、メイクを教えたり、買い物同行をしたりしてイメージコンサルタントの仕事で活躍しています。

彼女は「子育て中のママだからこそお洒落してほしいんです！」と熱い思いを語ります。

「幼稚園や小学校低学年のママたちはまだまだ子供に手がかかります。そうなると、自分の外見は二の次になってしまいがち。子供のことはもちろん大事だけど、自分自身のことを大切にすることで、子供にももっと優しくなれると思うんです、自分の見た目が綺麗になることで、自分と向き合い、自分の人生にもフォーカスしてもらえたらすごく素敵だと思うんです」と。

彩ちゃん自身、まだ小さいお子さんを育てながら、新しいことにチャレンジしている最中です。彼女の生きざまを見て、勇気をもらっているセンスの仲間もきっと多いはず。

彼女がチャレンジを続けていくことで、同じ環境にいるママたちの理想になったり、見本になると思うのです。

毎日感じていることですが、彩ちゃんの前向きな行動力は本当に素晴らしい！

彩ちゃんは、着実にビジネスの基礎を築いています。

事務局をお願いするなら彼女しかいない！

主婦の起業という意味では、彩ちゃんはセンスに入るときにはすでにフラワービジネスを立ち上げていて、いまもファッションビジネスを軌道に乗せています。

でも彩ちゃんの魅力はそれだけじゃないんです。

何といっても一番が「人間性」！　毎日一緒に仕事をしているので私にはよくわかります。彼女はセンスで大事にしている「言葉」がとても美しいのです。

事務局をお願いしているので毎日何度もやり取りする彩ちゃんですが、メッセージのやりとりにしても、電話のやりとりにしても、いつも気持ちよい雰囲気を作ってくれるのです。

これは指示されたり、やらされて出来ることではありません。彼女の持つ人間性ゆえなのです。仕事だけでなく、お茶目なところやよく笑うところ、気がついたことをそっとアドバイスしてくれるところなど、彩ちゃんがみんなに頼られるのは納得です。

センスが忙しくなって、誰かに事務局のお仕事をお願いしたいと考えた時、真っ先に浮かんだのが彩ちゃんでした。真面目で信頼できる人。そして、優しくて控えめで、誰からも好感を持たれる彼女なら、安心して任せられる。

今、彩ちゃんに本部事務局をお願いしてちょうど1年が経ちました。これまで仕事をしてきた中で、一度たりとも嫌な思いをしたことがありません。いつもさわやかでいつも仕事が速くて正確で、それでいていつも優しい。どれだけ助けられたか分かりません。そんな彼女には、毎日感謝しています。本当にいつもありがとう！

彩ちゃんの得意分野の広さには、まさに可能性しかありません。これからも、仕事の幅を広げてどんどん活躍してくださいね。センスのこともよろしくお願いします！

彼女の今後の展開が本当に楽しみです。

マービーこと、近藤まゆみさんを紹介します。

仕事　引き寄せ脳ヘッドスパニスト

年齢　50歳

私、こんな夢を追いかけてます！

センスと出合い、ポジティブな自分へとシフトできた今、引き寄せ脳をつくる脳幹ヘッドスパニストの道へ

マービーはこんな人

マービーは、兵庫県西宮市のサロンを拠点に「脳セラピスト」として活動中です。彼女の提供する脳セラピーとは、「脳幹リラクゼーション」と「アートセラピー」を組み合わせたもの。潜在意識から脳に直接アプローチできる、彼女が独自に開発したセラピーです（ちょっとわかりにくいので詳しくは後で！）。

心も身体も余裕がない日々。ともに頑張れる仲間が欲しかった！

マービーは姉のコーチングを受けたことをきっかけに、センスの仲間になってくれました。

「お話を聞いて、ここは一緒に頑張っていける同志のような仲間ができる場だ！　って直感しました。ここしかない！　って」と話してくれました。

当時、常勤で週6日で働いていた彼女は、やりたいことに時間を割けないことに悶々とし、チームワークが上手くいかないことにも悩んでいました。センスに入ることで今いる環境を変えたい、そして素敵な仲間に囲まれて生きていきたい、そう強く望んでいたそうです。

彼女と初めて会った印象は、とにかく明るくて前向き、そして突き進むエネルギーに溢れていました。彼女が一人いるだけで大阪のセンスの場の空気が、明るい笑いに包まれるのです。そこにはチームワークに悩んでいた人とは思えないくらい明るいマービーがいたのです。開校初日にもう彼女の周りに「素敵な仲間たち」が集まっていました。

脳幹リラクゼーションとアートセラピー

少し前にも触れましたが、脳幹リラクゼーションのことをお話ししますね。

マービーがリラクゼーションの施術をするとき、お客様には「頭の中や視界がすっきりし、同時に肩こりや眼精疲労を軽減します」と効果を説明していました。ところが、施術を繰り返すうちに、効果がそれだけではないことを感じはじめたのだそう。

「身体だけでなく、脳が解放されている？」と。

施術後、涙を流しているお客様が何人もいたことに気づいてから、彼女は新しい施術「脳幹リラクゼーション」の可能性を研究しています。

一方、アートセラピーは、絵を描くことで言葉にならない感情にアクセスしていくこと。自分の中に眠る未知のエネルギーを引き出していきます。かつて人類が言語のなかった時代に得ていた感覚を呼び覚ますように、ゆっくりとアプローチしていくことで、固まっていた心が徐々に現れるというセッションです。

引き寄せ脳セラピーの誕生秘話

マービーがやりたかったのは、この「脳幹リラクゼーション」と「アートセラピー」

をコラボさせることでした。

「身体と心の両方からアプローチができたら、心身ともに整えられるからこそ、加速的に叶えたい未来へ向かって現実を変えていけるのではないか。その人の未来を変えられるのではないか」という想いを抱いていたのです。彼女の想いを聞き、応援したいと思った私たちは、２０２０年11月のセンスの部活「ついつい言っちゃう部」で行われた、ホテルのスィートルームを貸し切ったイベントで、その施術を行ってもらったのです。

私もこの施術、実際に受けてみました。脳幹リラクゼーションの施術を受けていると、まるで瞑想したあとのように「脳がきれいに洗い流されたような感覚」になったのです。

もともと瞑想の苦手な私でしたがこの体験には本当に驚きました。たしかに潜在意識にアプローチしているような感覚がありました。施術後、今度はアートセラピーを受けました。すると、瞑想状態の脳にマービーの優しい声の誘導で、自分が本来何を求めているのかが次々と言葉となって出てくるのです。完全に潜在意識にアプローチしているのだと感じました。

朦朧としている中で聞こえるマービーの「千晶さんなら大丈夫ですよ」という声がしっかりと脳と身体と心に刻まれていきました。この施術を受けた後の爽快感は格別でした。

今までに受けたことのない新しいタイプのセラピーにすっかり感動したのでした。

そう感じたのは私だけではありませんでした。

そこのイベントに参加し、施術を受けた仲間たちも同じように絶賛していました。潜在意識に言葉が入り込むことで引き寄せ脳が作られていくのですね。「新しい自分になる扉を一緒に開けていく」ような感覚です。

文章にするのはとても難しいのですが、機会があったら絶対体験していただきたい施術なのです。

「引き寄せ脳セラピスト」の第一人者に！

マービーと会った人は必ずと言っていいほど、彼女のファンになってしまいます。

なぜだと思いますか？　それは彼女がピュアな人だから。初めて会った人にも素直にポーンと心を開いてくれる人なんです。心を開かれると、最初は警戒していた相手だってリラックスして心を開きやすいのです。これはもう彼女独自の才能だと思います。

こんな才能をもつマービーだからこそ、たくさんの人に効果的なセラピーを施術できるのだと思います。

今後、マービーが経験と研究を積んで引き寄せ脳をつくるセラピーを行うことで、施術を受けた人の明るい未来を切り開いていくお手伝いをしてほしいです。

美和さんこと、百武美和さんを紹介します。

仕事　整理収納アドバイザー　絵本講師

年齢　61歳

私、こんな夢を追いかけてます！

子育て最中のお母さんたちに、温かなエールを送る
整理収納アドバイザーから絵本講師へ新たなスタート

美和さんはこんな人

美和さんは、3人のお子さんを立派に育て上げたお母さんです。お子さんたちは、国内外で活躍され、可愛いお孫さんにも恵まれました。彼女は家族に愛情を注ぎ大切に育みながらも、整理収納アドバイザーの資格を取得し、自らのキャリアを再スタートさせています。

一方で、センスの活動のなかで実感するのは美和さんの愛情深さ。そして、素敵な

子育て経験への興味も尽きません。私たちは、これこそが彼女の魅力だと思っています。そうした美和さんの存在自体を前面に押し出し、新たなチャレンジに向けて後押ししていこうと考えています。

不思議なエネルギーをもつ美和さんという存在

美和さんとの出会いは、２０１７年。私があるイベントで登壇したのがきっかけでした。その後、イメージコンサルティングを受けてくださったご縁から、どうしても美和さんにも参加していただきたくて、「夢を叶える話し方の講座」のメンバーになっていただきました。私が彼女に感じるのは、小さな体から発せられる大きな愛情と存在感です。美和さんがいるだけで、その場の空気は大きな愛情に包まれます。そんな不思議なエネルギーを持っている方なのです。ですから、センスを作った際にも、私がどうしても入っていただきたいと思ったお一人でした。あるイベントでご一緒したときに、私のセンスにかける想いを美和さんに熱く語ったところ、「私、センスに入ります」と快諾いただいたときは、本当に嬉しくて、心の中で万歳三唱したくらいでした。

センスの講座をニューヨークからオンライン受講

２０２０年5月、美和さんはコロナ禍のニューヨークにいました。彼女は医師をしているお嬢さんの出産に合わせ、そのサポートをするために駆けつけていたのです。そうした事情のなか、ニューヨークからオンラインで、センスの受講を開始してくれました。

センスのメンバーと美和さんが実際に会えたのは7月のこと。帰国して2週間の隔離期間が終了してから。そのころにはオンライン上でしっかり仲間たちと気持ちが繋がれていたのでしょう。「生美和さんだー」とメンバー全員が大興奮でした。そのくらい美和さんはいつもみんなの中心にいます。

あるとき美和さんから「センスっていいわね。年齢関係なく、ありのままの自分で話せるのがすごく心地がいい。そのままの自分を受け入れてくれるし、心を許し合える仲間と一緒に好きなことができる。いつも応援したいと思っているので、それが存分に出来て嬉しいんだよね」という言葉を聞きました。そんなふうに温かい言葉のシャワーにいつもウルっときてしまう私です。

整理収納アドバイザー、そして自宅サロンも運営

美和さんは２０１１年に整理収納アドバイザーの資格を取得。マスコミでも活躍する著名なアドバイザーの下でスタッフを経験した後、２０１６年に独立。整理収納アドバイザーとして、企業研修や認定講座での講師業を行う傍ら、ご自身の経験をフルに活かして実家の片づけコンサルタントとしてのセミナーも好評を博しています。

また「ＴＯＫＹＯ抹茶クラブ」というコミュニティを主宰され、自宅サロンに講師を招いて勉強会を開催。私も登壇させていただきましたが、出されるお料理とおもてなしが一流で、このサロンは毎回満席になるほどの人気でした。コロナの影響で今は中断されていますが、復活した際にはまたぜひ参加したいと思います。

絵本講師として、新たな道を歩みはじめる

美和さんは、今尚さらに進化中です。進化というのは「ＩＱが育つ絵本講師」の資格を取得。彼女の新しいチャレンジが始まりました。絵本は子供が楽しむだけのものでなく、大人も絵本を読むことで癒されます。私も美和さんの絵本の読み聞かせを体験させていただきましたが、大人になってから読む絵本は、作家の伝えたい想いを受

け取り、本質を理解しながら心温まる物語に触れていく時間となります。美和さんの声と語り口調がなんとも心地よく、「癒される」という意味がよく分かりました。小さなお子さんがいらっしゃるママさんは、絵本の選び方や読み方なども学べるということで、読み聞かせの会は大人気となっています。ご興味のある方は、ぜひ一度問い合わせをしてみてくださいね。美和さんは、包み込まれるような優しさをお持ちの方ですので、センスの中にも美和さんファンがたくさんいらっしゃいます。あなたもそんな美和さんの大きな愛に触れてくださいね。

仲間の数だけ夢はある！

ここまでお読みいただきありがとうございました。

センスにはもっとたくさんの仲間がいるのですがページの関係で全員を紹介できません。そこで、一部のメンバーですが、センスの仲間になって追いかけている夢を宣言してもらうことにしました。この本を手にしてくださった方に、センスにはこんな夢を目指している仲間がいるのだとお伝えできたらうれしいです。

「美しくあることよりも大切なのは自分を好きでいること」。自分の容姿が大嫌いだった思春期をきっかけに美容業界にたずさわり、たくさんの女性に触れてきた今思うことです。自分をいたわり愛でるからこそ大切な人も笑顔にできる。スキンケアからメイクを通して自分の本質を知り自分を好きになる女性を増やしたいです。

自分を好きになるためのフェイシャルアドバイザー・顔師　**岳下美奈子**

食べ物を囲み、人が集い、そこに人の触れ合いや笑顔がある。当たり前だった日常が当たり前でなくなった時、みんなで集まって笑顔でテーブルを囲むことを経験した今だからこそ、毎日の食事の大切さや食を通じて、丁寧な暮らしを伝えたいです。

さいたまヨーロッパ野菜研究会　FENNEL スタッフ　**田中雅代**

日本中の家庭が笑顔で溢れているのが、私の夢です！　幼稚園、保育園の現場で様々な家庭の事情で傷つくママや子供たちを見てきました。特に夜の仕事のママの育児を応援したい！　ママたちが安心して子供を預けられ、子供も幸せに過ごせる夜の街の保育園を作りたいです。

元保育士＆幼稚園教諭×占いアドバイザー子育て応援隊　**金森有起**

〝ママが笑顔でハッピーなら世界平和〟だと本気で思っています！　センスでその想いを一緒に叶えたいと思う仲間と出会わせてもらいました。オアシスのようなみんなが集えるサロンをオープンし、私は「フーレセラピー」という全身を足でほぐすマッサージを通してその方らしく輝いていただくためお身体からサポートしていきます！

心と身体と魂の風を奏でるボディコンダクター　**秋山奈保子**

外見が変わると一瞬で内面も変わり、自信が溢れた笑顔になります。ほんのちょっとの勇気がガラッと輝く未来を引き寄せます。私達アラフォー以上の世代のお母さんが美しく自信に満ち溢れて、自分大好きハッピーオーラでいれば、家庭が、日本が元気になります。まずは青山にサロンをオープンして、その夢を叶えます！

ビジュアルスタイリスト　**星光優花**

人生60歳で終わってもいいかな。そんなふうに考えていた私に、千晶さんとセンスの仲間が「まだ何にだってなれること」「私が本当に好きなこと」に気づかせてくれました。人の心の奥の秘めた想いが表情となって現れる瞬間を撮りたい！　そしてカメラを通じて世界中の人と繋がりたい！　人生これから。

想いを映すフォトグラファー　**井上千佳子**

どんな事象もビジュアル表現ができるイラストレーターを目指しています。ビジュアル表現で頭の中のモヤモヤを明確にできること。特に自分の才能と可能性に気づく助けとなるようなイラストを描けることが目標です。さらに大人も子供のように全力で遊んで楽しんで自分の可能性をたくさん発見できる場所を作ります！

夢を叶えるイラストレーター　**松元亜紀子**

Thank youメッセージ

鎌賀真由美ちゃん　かまちゃんのオイルマッサージは極上の極み。身体と心の癒し。

吉村加奈子ちゃん　加奈ちゃんのデザインした強く美しいジュエリーは私のお守り。

天野貴子ちゃん　いつも天使のような笑顔でみんなを包み込んでくれて、ありがとう。

長野美沙紀ちゃん　成長率No.1。最強の二十代として思いっきり羽ばたいてね！

松元亜紀子ちゃん　あっこちゃんの明るさはセンスになくてはならない存在です。

有馬晃世さん　曼荼羅ノートに夢綴り、毎晩眺めて宇宙に想いを馳せてます。宝物よ。

與那原慶子さん　パソコン関係や動画作成ではお世話になりました！　感謝です。

堺実紀ちゃん　綺麗で頭の回転の速い実紀ちゃん。情熱と愛が笑顔から溢れているよ。

上田桂子ちゃん　世界を股にかける矯正歯科医。「だって地球でしょ？」は名言です！

佐伯美智子ちゃん　新しい発想でみんなが笑顔になる介護業界のニューリーダー☆

武井康代ちゃん　その場にいるみんなを笑顔にしてくれる未来の扉を開く声診断士。

佐藤歩美ちゃん　収納提案の天才現る。片付け嫌いのおウチ革命家。我が家もお願い。

あとがき

45歳のどこにでもいる普通の専業主婦だった私が、様々な経験と多くの素敵な方たちとの出会いの中、今回このような形で本を出版するに至ったことは、本当に不思議で本当に有難いとしか言いようがないような奇跡です。

20代の頃、純粋に追いかけた夢はどれも叶わず、「夢は叶わないもの」だと、いつしかそう思い込むようになっていました。

でも、歳だから……と諦めなかったことで人生は驚くほど変わりました。こんなことが人生で起こるものなのかしら？　と、未だに夢の中にいるようです。

ただ、これは自分ひとりが起こした奇跡では決してないのです。起業の世界を楽しい！　と伝えてくれたＰＴＡ仲間の広川さん。同時期に私に本田健さんの本を勧めてくれた夫、「45歳なんて若いわよ！」と何度も背中を押してくださった、イメージコンサルタントの師匠の神津佳予子先生。フジテレビで仕事をする機会を与えてくださった塾長の山口朋子さん。絶妙なタイミングでパワーポイントを教えていただいた算命学鑑定の義積恭好さん。書ききれないくらい多くの方たちの存在がなければ、私は起業にはたどり着いてはいません。誰一人欠かすことのできない大切な存在であり、出来事の数々です。

また、センスを作るきっかけとなった、竹口晋平さんと玉置純一さん。一人起業に疲れ、落ち込む日々だった私に、彼らが「千晶さんは成長する。そして必ず出来るよ」と背中を押してくださったあの日。あれから私は生き返ったかのように次の夢に向かって進み始めることが出来たのです。あの言葉はどれほど私の支えとなったことか。まさにあの一言から「新しい世界（センス）」が始まりました。お二人には感謝しかありません。

そして、大切なのは出会いだけではありません。自分の身に起こる経験が全て必要な経験だと今なら分かります。パート時代の苦しみや挫折がなければ、「起業して、自分の好きなことを仕事にしてみたい」とは思わずに生きていたでしょうし、間違った子育てをしたからこそ、人をコントロールすることがいかに無駄な行為であるかにも気付くことが出来ました。

正直言うと、大雅の弾くバイオリンが本当は心の底から大好きで、その音色をずっと聴いていたいといつも思っていました。なのに、あんなにいっぱい怒って怖いお母さんでごめんね。出来ればあの頃に戻って思いっきりの笑顔で「すごい！　上手！　天才だー！」って言ってあげたい。

そんなイライラしたお母さんにいつもニコニコして「お母さん大丈夫だよ」と、優しく声をかけてくれた陸矢。いまだにそうだけれど、どんな時もお母さんの味方になってくれてありがとう。あなたの優しさは世界一だとお母さんは本気で思っています。

そして、最後に私のやりたいことをいつも笑顔で応援し続けてくれている夫にひと言。あなたがもし、45歳の私が夢を追いかけることを否定していたなら、私の世界はまるで違うものになっていて、イメージコンサルタントになることもセンスを作ることも出来てはいないし、出版なんて夢のまた夢だったと思うのです。

だから、あなたが一番の理解者でいてくれていつも応援してくれたことで、私は今、こうして自由にたくさんの仲間と共にたくさんの夢を追いかけることが出来ています。これだけは間違いありません。どんな私も受け入れてくれて本当にありがとう。

そして、これからもどうぞよろしくね。

今回の編集を担当してくださった新保勝則さん。私が初めて本を出すにあたり、著者としてあるべき姿を我慢強く伝え続けてくださったおかげで、このような本を書き上げることが出来ました。本当に感謝しています。

そしてこの本を作るにあたって、たくさんの協力をしてくれたセンスの仲間たち。みんなが大好きです。本当にありがとう!!

渡辺千晶

2021年12月

企画	新保勝則（物語と漫画と合同会社）
編集協力	谷口のりこ、大和田敏子
イラスト	坂下京子
ブックデザイン	bookwall
DTP	アイ・ハブ
校閲	小川純子

渡辺千晶

1970年大阪で生まれ、三人姉妹の次女として育つ。

現在は横浜市在住。二人の男の子のママ。

2015年、45歳のときに専業主婦からの卒業と起業を決意。

2016年4月、イメージコンサルタントとして起業する。コンサルつきのカラー診断やメイクレッスン、お買い物同行があっという間に話題となり、起業後3ヶ月には「予約の取れないイメージコンサルタント」と呼ばれるようになる。これまでに500回以上のコンサルを行う。

2018年6月、女性起業家向けに「夢を叶える話し方の講座」、同年11月「夢を叶える外見と話し方の講座」を開催。

2019年9月、主婦の起業を応援するコミュニティ「Sense of beauty（センス）」を立ち上げ、翌年4月にはオンラインサロン版の「Sense of beauty Salon」をスタート。2021年11月現在の会員数は373名。本書が初めての著書である。

45歳はもうオワリですか？

2021年12月1日　初版第1刷発行

著者　渡辺千晶

発行　合同会社 オールズバーグ
〒156-0051 東京都世田谷区宮坂2-26-24
https://allsburg.co.jp/

発売　株式会社 扶桑社
〒105-8070 東京都港区芝浦1-1-1 浜松町ビルディング
電話 03-6368-8891（郵便室）
www.fusosha.co.jp

印刷・製本　中央精版印刷 株式会社

ISBN978-4-594-09051-7 Printed in Japan